알프스 지역
전설과 요들

알프스 지역 전설과 요들

1판 1쇄 찍은날 2010년 8월 25일
1판 1쇄 펴낸날 2010년 8월 30일
지은이 조두환 · 사지원
펴낸이 오 명
펴낸곳 **건국대학교출판부**
등록 / 제 4-3 호(1971. 6. 21)
주소 / 143-701, 서울시 광진구 화양동 1번지
전화 / (02)450-3891~3
팩스 / (02)457-7202
홈페이지 / http://press.konkuk.ac.kr
e-mail / press@konkuk.ac.kr

책임편집 박명희

찍은곳 (주)동화인쇄공사

정가 11,000 원

ISBN 978-89-7107-533-3 03300

이 도서의 국립중앙도서관 출판시도서목록(CIP)은
e-CIP 홈페이지(http://www.nl.go.kr/cip.php)에서 이용하실 수 있습니다.
(CIP제어번호: CIP2010003078)

알프스 지역 전설과 요들

조두환 · 사지원 공저

건국대학교출판부

알프스 너머 알프스

알렉산더 포우프[1]

무얼 조금 안다는 것은 위험한 일. 무언가 깊이 마실지라.
그러지 못할 바에는 파이어리아의 샘물[2]일랑 맛보지 말라.
거기서 살짝 한 모금 정도 마시면 머리만 혼미케 되고
그렇다고 너무 많이 마시면 다시 밋밋해지고 말리라.
뮤즈 신이 알려주는 것에 먼저 눈에 불을 켜고 달려들 것이고
젊은 기분에 손쉽게 예술의 고지를 넘어서려는 것이 문제가 되겠지.
우리 마음속 제한된 범위 내에 갇혀 있게 되면
가까운 것만 눈에 들어오고 그 뒤의 먼 것은 보이지 않네.
하지만 조금 더 나아가면 신기한 경이로움에도 눈이 뜨이고
끝없는 학문의 저 먼 새로운 광경이 보인다네!
그러니 처음에는 기쁨에 취하여 알프스 등정을 시도하면서
골짜기 위로 올라가 하늘에 발을 내딛는 기분이고
만년설도 벌써 지나 뒤로 젖혀 둔 때이니
처음 본 구름과 산들도 저 뒤 맨 뒤에 있는 것 같겠지.
그러나 이런 것들을 다 얻고 나면 더 멀고 먼 길이 나타나게 마련이고
더 많은 노력으로 더 열심히 살펴야 할 것들이 보여 마음 떨리게 되지.
우리 시야가 넓어지면 신기해서 두리번거리던 눈길은 지치고 마네.
산 너머 또 산, 알프스 너머 또 알프스가 솟아 있네!

1_ 알렉산더 포우프(Alexander Pope, 1688-1744). 17세기 영국 신고전주의 시인이자 비평가. 평생 척추결핵으로 인한 장애에 시달렸지만 전원생활에 접어들면서 자연의 아름다움에 눈뜨기 시작, 나무를 가꾸는 일에 몰두하여 건강을 지켰다. 이 시는 경박한 지식에 머무는 인간이 빠지기 쉬운 함정을 일깨우며, 신비로운 미지의 세계에 끊임없이 도전하는 정신을 경구적 풍자로 고취시키며 그런 이미지로 알프스를 설정하고 있다.

2_ 시적 영감의 원천. 파이에리아는 뮤즈신의 탄생지.

이 책은 건국대학교출판부 기발행 도서 『알프스 지역 전설과 요들송』의 내용을 수정 · 보완하여 새롭게 꾸몄음을 밝힙니다.

머리글

'유럽의 지붕'이라고 일컫는 알프스는 지역 중남부에 자리하고 있는 대산맥 지대이다. 지중해와 더불어 유럽 문화권의 쌍벽을 이루면서 정치, 경제, 사회, 과학, 산업, 문화, 행정 등 모든 분야에 걸쳐 큰 역할을 담당하고 있다. 특히 게르만 문화권과 로만 문화권의 분기점으로서 문화, 역사적인 의미 또한 크다.

알프스는 한 나라의 전유물이 아니다. 통상 동부(독일 · 슬로베니아 · 리히텐슈타인 · 오스트리아의 일부), 서부(프랑스 남동부 · 이탈리아 북서부), 중부(이탈리아 중북부 · 스위스 남부) 등 3개 지역으로 포진된 유럽 공동 관리 구역이라 할 수 있으며, 여기에는 총 7개 나라들이 지정학적, 경제 · 문화적으로 직접 연관되어 있을 뿐만 아니라, 그 영향은 심대하여 범유럽적 차원의 문화 인프라를 구축하고 있다. 고산준령, 빙하지대, 계곡, 하천발원 등 지역적 특성과 연관된 지질학적 관심은 물론, 각종 희귀 동·식물에 대한 자연과학적 연구가 진지하게 수행되어 온 것은 어제 오늘의 일이 아니다.

그런가 하면, 험난한 교통사정에 따른 오랜 폐쇄 환경과 그에 의해 보존된 고유 민속 문화는 오늘날 제반 전설 및 동화의 근원지로서 유럽인의 정신문화적 원류를 확인하는 중요한 대상이 되고 있다. 알프스는 유럽인에게 있어서 훼손할 수 없는 원초적 자연의 신통력을 지닌 문화적 보고이며, 궁극적으로 극복해야 할 모든 고난과 역경의 목표로서 강건한 도전의식을 고취시켜 온 힘의 원천이다. 특히 이 지역문화의 아이콘이라고 할 수 있는 요들은 이러한 지역민의 모든 생활애환을 담고 있는 문화자산으로서 오늘날 문학과 예술 분야에 걸쳐 신비적 효과를 크게 자아내고 있을 뿐만 아니라, 관광산업의 일등 분야로서 쓰임새를 크게 높이고 있다.

알프스는 유럽의 생태환경의 한 부분이기 이전에 우리나라 현실과 비교해 볼 때, 매우 중요한 시사점을 안

겨주고 있다. 이 지역이 예부터 정치 사회적 입장에서는 열강들의 각축장이기도 해서 유럽의 맹주가 되기 위해서는 필연적으로 알프스의 열악한 지형적 조건을 극복해야만 했고, 특히 이곳에 자리 잡고 있는 스위스와 오스트리아는 일찍부터 중립적 입장을 견지하여 그들 나름대로 자체 환경에 맞는 정치체제를 갖추어 왔다. 그뿐만 아니라 농경과 주거에 매우 불리한 산악환경, 천연자원이 희박한 반면, 높은 인구밀도 등 경제와 산업활동에 불리한 조건들을 앞에 두고 이곳 사람들은 이를 타개하기 위한 적극적인 노력을 경주하여 왔으며, 인적자원의 중요성을 깨닫고 교육입국에 남달리 치중하여 왔다. 그리하여 정밀기계공업이라든지 금융 산업 분야 등에 놀라운 발전을 거듭하여 세계에서 손꼽히는 부유한 선진국가로 발돋움하게 되었다. 이 모든 것은 거의 비슷한 환경 속에 처해 있는 우리나라의 미래에도 많은 교훈적 효과를 제공하고 있다.

따라서 유럽 문화생성의 제반 요소와 특성을 포용하고 있는 알프스의 문화적 본질을 지역현상과 연결시켜 추적해 보는 것은 학문적으로 매우 유익하고 타당한 일이 아닐 수 없다. 적어도 유럽이 오늘날에 이르러 각 나라별 문화카테고리를 벗어나 유럽연합(EU)이라는 체제를 통하여 문화연대성을 강조하고 있는 데 즈음하여 지역 공통의 문화자산탐구는 그 어느 때보다 절실히 요구되는 연구영역이 되고 있다.

세계화 시대에 지구촌의 일원으로 균형 있는 지식을 갖추고자 하는 우리 젊은이들에게는 이에 대한 좀 더 집중적인 접근이 필요하다고 여겨지는 바, 이를 계기로 하여 더욱 학술연마에 많은 자극과 의욕이 일기를 비는 마음 간절하다.

2010년 8월 30일

솔뫼 조두환

차 례

I

알프스의 오늘과 내일

지역 전설

알프스 지역이 각각의 고유성을 지니고 있듯이 지역별로 전설 또한 다양하다. 그 대부분은 대자연의 신비함과 웅장함, 그 앞에서 갖게 되는 인간의 겸허함과 정의로운 인간의 승리 등을 담고 있다.

1) 알피니즘

알피니즘은 알프스 산 등반에 따른 산악활동 전반을 말한다. 그러나 더욱 깊은 뜻은 일체의 오락이나 부수적인 이득을 배제하고 오직 산에 오르는 것만을 목적으로 삼는 스포츠로서의 등산 또는 그러한 정신을 말한다. 자연에 대한 도전과 극기의지가 핵심이다. 그것은 알프스인의 삶에 농축되어 있는 철학이다.

자유의 메아리가 울려 퍼지는 알프스 고원, 가축 떼를 불러 모으는 양치기의 정겨운 휘파람 소리, 그리고 높은 산골짜기에 쌓인 눈. 그러나 이런 아름다운 경치이기 이전에 자연재해의 공포가 함께 있다. 아프리카 평원의 야수들이 포효하듯 눈사태가 가공할 만한 힘으로 쏟아진다. 하룻밤 사이에 한 가족, 아니 한 마을 사람들이 희생된 아픔도 잦았다. "삶 속에 죽음이 함께 있다"는 말은 알프스의 삶을 나타내는 가장 적절한 표제어라 할 수 있다.

칸톤 우리(Uri)의 깊은 산골마을에서 일어난 일이다. 저녁식사를 마친 후 아버지는 아내와 세 자녀에게 "이 시간 혹시 오늘 밤중에라도 위험에 처할지 모를 가난한 사람들을 위해 우리 기도하자"고 말한다. 기도가 채 끝나기도 전에 눈사태가 일어났다. 외양간과 집이 날아갔다. 세찬 바람에 휘몰려 아버지는 눈 더미에 묻히고 말았다. 초인적인 힘으로 눈 더미를 헤치고 나와 자기 집과 가족을 찾았지만 온데간데없었다. 그런데 깊은 눈 구덩이 속에서 희미한 소리가 들리는 것이었다. 아내의 신음소리였다. 천우신조로 그녀를 구출하였다. 그런 다

좌상, 스위스 깃발, 민속춤

웅장한 알프스 산맥

음 또 무슨 소리가 들려 왔다. 팔이 부러져 누워 있는 아이를 구출하였다. 그러나 다른 두 아이는 싸늘한 시체로 변해 있었다.

2) 고타르 신화

알프스인은 모든 문화감각을 자연과 연결시키고, 또한 협소한 공간을 최대한 장점으로 활용하고 있다. 알프스 산과 전설은 곧 그들의 삶 자체라고도 할 수 있다. 자연과 밀착된 삶, 그런 목가적 전원생활에서 '알프스 헬베티아인'(homo alpinus helvetius)이라는 인종적 · 사회적 · 국가적 개념이 성립하였다. 알프스 사람들은 산을 항상 생물학적으로 인식하면서도 줄곧 인간의 영역으로 확장해 왔다.

고타르(고트하르트) 신화가 바로 그 한 예이다. 알프스의 영기(靈氣)를 민족정신의 바탕으로 삼아 지역민의 자의식을 드높인 것이다. 제2차 세계대전 중에 스위스의 유명한 장군 앙리 기상(Henri Guisan)은 1939년 시대의 긴박함 속에서 조국의 엄격한 구원자 역할을 하였다. 바트(Waadt, 프랑스어 Vaud) 주의 귀족 출신인 그는 외침에 대항하여 험준한 알프스 산맥의 한 중앙에 방어진지를 구축하고 공격의 기회를 엿보다가 고타르 산으로 퇴각했다. 다 잃어도 결코 잃을 수 없는 한 가지가 있는 법. 최후 승리를 위하여 북부 스위스의 많은 부분을 포기하는 대신 산의 성역을 사수했다. 고타르 산에는 스위스인의 국토방위 정신이 조국애와 함께 숨쉬고 있다.

3) 스위스의 건국신화 빌헬름 텔

알프스 산의 정기는 자유와 정의를 위한 투쟁의지를 키워 주었다. 1291년부터 1315년까지 스위스 중부 지역을 무대로 한 '빌헬름 텔'에 관한 중세기 전설이 그것이다.

이 지역에는 스위스의 원초 칸톤 우리, 쉬비츠(Schwyz), 운터발덴(Unterwalden)이 나란히 있다. 주민들은 신성로마(독일)제국의 황제로부터 자유거주지역으로 승인을 받지만, 새로운 황제가 된 합스부르크가는 막대한 관세 수입을 염두에 두고 이곳을 자체 내에 예속시키려 한다. 곧 총독관을 파견하여 강압적인 통치를 한다.

폭군 게쓸러는 마을을 공포의 도가니로 몰아넣는다. 그의 병졸들은 마을 광장에 긴 막대기를 세워 놓고, 그 위에 걸린 총독의 모자를 향해 모든 사람이 경의를 표

빌헬름 텔

하도록 한다. 그런 줄도 모르고 아들의 손목을 잡고 지나가던 빌헬름 텔은 이른바 황제에 대한 불경죄를 범한 것으로 간주되어 체포된다. 그 벌로 멀리 아들을 세워 놓고 그의 머리 위에 놓인 사과를 화살로 쏘라는 것이었다. 제아무리 명사수일지라도 텔은 망설이지 않을 수 없었다. 그러자 어린 아들이 오히려 눈도 가리지 않은 채 아버지에게 어서 쏘라고 용기를 북돋운다. 숨죽이고 바라보는 군중 앞에서 텔은 사과를 명중시킨다. 그리고 몸을 돌이키는 순간 가슴팍에 숨겨 놓은 화살 하나가 떨어진다. 용도를 추궁 받은 텔은 "만약 활을 잘못 쏴 내 아들을 죽게 했다면 두 번째 화살은 당신을 명중시켰을 것이오!"라고 대답한다. 분노한 게쓸러는 텔을 종신귀양지로 보낸다. 그러나 연행 도중 탈출하여 민중과 함께 총독의 성을 무너뜨리고 평화를 되찾는다.

폭군의 횡포에 대항하던 알트도르프(칸톤 우리의 주도)의 장터에는 오늘날 텔의 기념동상과 전설의 사과나무가 함께 있다. 이 주제를 다룬 실러의 희곡 작품『빌헬름 텔』은 1804년 바이마르 궁정극장에서 초연되었고, 그 후에 이탈리아의 롯시니가 작곡한 오페라를 통하여 더욱 우리와 친숙해졌다.

4) 스위스의 국기에 담긴 전설

스위스 국기

독립을 쟁취한 슈비츠 주는 1240년 신성로마제국의 황제 프리드리히 2세가 자유의 상징으로 하사한 붉은 깃발을 다시 사용하고 기독교 국가를 의미하는 흰 십자 모양의 문양을 추가한다. 스위스의 각 주가 고유의 깃발을 가지고 있지만, 슈비츠 주의 것은 원초 주답게 스위스 군대의 엠블럼으로도 사용되었다. 나폴레옹이 헬베티아 공화국을 건설하면서, 초록 · 빨강 · 노랑 색의 삼색기를 최초로 공식 국기로 만들었으나 1803년에 무효화된 바 있다. 슈비츠 주는 1814년 빨강 바탕에 흰 십자가 그려진 기를 채택하였고, 후에 그것이 스위스 국기가 되었다. 그러나 십자의 네 방향의 길이가 모두 같아야 할지, 아니면 세로가 가로보다 6분의 1 정도 길어야 할지에 대해서 논쟁이 끊이지 않았다. 결국 십자의 가로와 세로 길이의 비율을 1 대 1로 결정하였다. 하지만 국제행사나 상선에 게양할 때는 2 대 3의 비율로 만들어 사용하기도 한다.

5) 오스트리아의 국기에 담긴 전설

오스트리아 국기

빨강 · 하양 · 빨강의 3단으로 된 오스트리아 국기의 기원에 대한 이야기는 십자군 원정 때로 거슬러 올라간다.

대공 레오폴드 5세가 전쟁터에서 적과 싸우다가 결국 정복당하기까지 하얀 군복이 온통 붉은 피로 물들었다. 그러나 벨트 아래 부분만은 원래 상태 그대로 남아 있었다. 그 치열한 모습이 곧 오스트리아 국민의 기상을 나타내게 된 것이다.

정부 기관에서 사용하는 기에는 가운데의 흰 띠에 오스트리아의 전통적인 쌍두 독수리 문장이 붙는데, 독수리의 다리에는 낫과 망치가 달려 있고 끊어진 쇠사슬이 덧붙어 있다. 이는 누구에게도 속박되지 않는다는 민족 자존의 의미를 담고 있다. 오스트리아는 제2차 세계대전 후 연합국의 통치를 받다가 독립을 되찾았으며, 1955년부터 영세중립국이 되었다.

6) 에델바이스

눈과 얼음으로 휩싸인 험준한 알프스 산꼭대기에 천진무구한 한 소녀가 살고 있었다. 이 소녀는 사실 천사로서 변덕스런 신이 산 정상의 얼음집에 내려 보낸 것이었다. 주위에 아무것도 없는 얼음집 안에서 소녀는 미끄럼을 타고 빙빙 돌며 혼자서 즐거운 나날을 보냈다. 그러던 어느 날 커다란 배낭을 짊어지고 피켈을 손에 든 남자가 얼음집 앞에 섰다. 두 사람은 크게 놀랐다. 더욱 놀란 사람은 등산가였다. 전문 산악인도 오르기 힘든 이런 산꼭대기에 어여쁜 소녀가 있었으니 말이다. 산을 내려온 등산가는 산에서 그가 본 것을 주변 사람들에게 알렸고, 이후 많은 탐험가들이 호기심을 갖고 이곳을 찾았다. 그러나 많은 사람들이 목숨을 잃거나 행방불명이 되었다. 빙벽을 타고 휘몰아치는 눈보라와 수시로 돌변하는 날씨로 인한 빈번한 산사태의 위험이 도사리고 있었기 때문이다. 이 사실을 알게 된 소녀는 신께 간절히 기도했다. 신은 그동안 잊고 있었던 천사를 머리에 떠올리고, 다시 하늘로 불러들였다. 이후 얼음집은 사라지고 그곳에는 새하얀 꽃이 피었다. 높고 험한 청정지역에서만 볼 수 있는 이 소박하면서도 아름다운 꽃을 사람들은 에델바이스라 불렀다.

7) 알프스에 담긴 신화와 전설

1.

17세기까지만 해도 알프스에는 악령들이 사는 곳으로 널리 알려졌다. 그렇기 때문에 여러 전설들이 전해지고 있고, 그 중에는 특히 용이나 악마에 대한 것들이 중심을 이루고 있다.

1421년 농부 한 사람이 필라투스 산을 오르는데, 갑자기 용이 나타나 불을 뿜었다. 농부는 용을 보고 놀라서 넘어졌고, 그 자리에서 놀라운 치유효과가 있는 돌 하나를 발견하였다는 전설이 있다.

또 다른 전설에 의하면, 한 사람이 이곳 동굴 속에 빠져들었다. 마침 용 두 마리가 겨울잠을 자고 있었는데 전혀 해칠 기색을 보이지 않았다. 몹시 배가 고파진 그는 용들이 동굴 한쪽의 둥근 돌을 핥는 것을 보고 그대로 따라했다. 그렇게 해서 한겨울 동안 생명을 유지할 수 있었다. 봄이 오자 용 한 마리가 떠나고, 나머지 한 마리는 끝까지 그의 곁을 지키면서 동굴 입구까지 그를 인도하여 마침내 구출되게 하였다. 그리하여 '용의 돌'로 알려진 것이 현재 루체른의 국립역사박물관에 전시되고 있다.

2.

예수를 처형한 본디오 빌라도(Pontius Pilate)가 정신착란으로 자살하여 그 시체가 필라투스 산정에 버려졌다는 것. 그의 유령이 매년 성금요일(예수가 십자가에 못 박힌 날)에 손에 묻은 피를 씻기 위해 이곳 호수에 올라온다고 한다. 이 광경을 목격하는 사람은 누구나 1년 안에 죽는다는 전설이 있다.

3.

'우리' 주 전설. 언젠가 어느 무모한 양치기 소년이 양 한 마리에게 세례를 베풀었다. 양은 금세 무시무시한 짐승으로 변해 버렸다. '그리스'(Griess)라고 불린 이 짐승은 사람들을 마구 잡아먹기 시작했다. 주민들은 이에 맞설 소를 길렀다. 흰옷을 입은 한 소녀가 이 소를 데리고 그리스가 사는 알프스의 들판으로 향했다. 소녀는 자기 머리의 리본을 소의 코뚜레에 묶어 주고 싸우게 했다. 소는 그 짐승을 해치웠다. 그러나 맡겨진 일을 잘 수행한 소 역시 죽고 말았다. 그 슬픔을 주민들은 영원히 잊지 않으려고 했다. 우리 주의 상징인 방패 문양에 소 그림이 들어 있는 것은 이 때문이다.

동굴 입구 오른쪽 정면의 벽면에 보이는 칸톤 우리의 상징인 황소 방패 문양

지역 개관

나폴레옹이 이탈리아를 공격하기 위하여 알프스 산을 넘기로 했다. 상황을 탐지하도록 척후병을 보냈다. 그로부터 포기하는 게 낫겠다는 뜻을 전해 들었다. 참모 중한 사람도 불가능함을 간했다. 그때 나폴레옹은 "나의 사전에는 불가능이란 단어가 없다"는 유명한 말을 남겼다. 그리고 알프스 산을 넘었다.

유럽에서 가장 높은 산. 길이 약 1,100km, 너비 약 150~250km. 대륙의 중남부에 걸쳐 있는 대산맥은 고지목장 또는 산을 뜻하는 'Alp'가 어원이다. 평균 표고 2,500m, 동서 600km, 남북 150km. 남쪽 경계는 북부 이탈리아 평원지대 제노아 부근까지이며 그곳에서 서북쪽으로 큰 원을 그리

산 위의 집촌

산을 닮은 집

며 스위스 중부지역과 더불어 제네바 호수에서 쥐라 지역까지, 그리고 동쪽으로 빈 부근 도나우 강까지 펼쳐진다. 석회암 석지와 중남부 디나르 족의 산악지대를 넘어서 헝가리 저지대에서 그친다. 서쪽으로는 론(Rhone) 강 계곡, 북쪽으로는 알프스 전방지대가 펼쳐진다.

알프스 산간 집안

산맥 곳곳에는 크고 작은 산간 마을이 들어앉아 있으며, 많은 민족들이 어우러져 살고 있다. 유럽 북부에는 게르만인, 남부에는 지중해인, 서부의 켈트인과 더불어 중앙고원의 알프스인이 그들이다. 원주민은 알피니데인데, 해발 약 1,500~2,100m의 산악지역에 거주하는 백인종 중의 하나로서 프랑스, 중부 스위스, 북부 이탈리아, 남부 독일, 보헤미아, 헝가리, 남부 독일 바이에른에 분포되어 있다. 산악 주민이 일반적으로 그렇듯이 키는 163~164cm로 작다. 피부색은 유럽인 중에서 약간 짙은 편이며, 턱이 짧다. 머리털은 엷은 갈색으로 곱슬곱슬하다. 몸이 통통하고 머리가 짧은 것이 특색이다.

1) 알프스의 구성

알프스는 지구 역사상 습곡 구조의 신생 산맥에 속한다. 지질상으로는 제3기층인 흰 석회석이 중심을 이루고 있다. 산의 구조는 굴곡이 매우 심하고, 형태에 따라 동·서 알프스로 나뉘는데, 라인 계곡 – 쉬플뤼겐마쓰 – 라고 마쪼레 수심곡선을 통해 분리된다.

A. 서 알프스

■ 내 편마암 알프스

- 리투르기아 알프스 — 치마 마르구아라이스(2,651m)
- 코트 알프스 — 몬테 비소(3,843m)
- 그라이 알프스 — 그란 파라디소(4,061m)
- 발리스 알프스 — 몬테 로자(4,634m)
- 레포티니아 알프스 — 몬테 레오네(3,553m)

■ 외 편마암 알프스

- 메어 알프스 — 푼타 델 라르젠테라(3,297m)
- 도피네 알프스 — 자보이 알프스(4,103m)
- 사보이어 알프스 — 몽블랑(4,807m)
- 베른 알프스 — 핀스터아호른(4,274m)
- 글라루스 알프스 — 퇴디(3,620m)

■ 프랑스 석회석 알프스

- 프로방스 알프스 — 블라이언(2,191m)
- 드로메 알프스 — 그랑 테트 데 로비오우(2,793m)
- 쥐라 알프스 — 그랑 베이몽(2,346m)
- 샤블에 알프스 — 프왕 드 살(2,494m)

B. 동 알프스

■ 중앙 알프스

- 레치엔 알프스 — 피츠 베르니나(4,049m), 오르틀러(3,902m), 빌트슈피체(3,774m)
- 플레쑤어 알프스 — 아로저 로트호른(2,980m)
- 호에 타우어른 — 그로쓰글로크너(3,798m)
- 니데레 타우어른 — 호흐골링(2,863m)
- 노리쉐 알프스 — 아이젠후트(2,441m)
- 체티쉐 알프스 — 렌츠마이르코겔(1,997m)
- 잘츠부르크 쉬퍼알프스 — 레크너(2,882m)
- 아이제네르처 알프스 — 괴쎅(2,215m)

■ 북부 석회석 알프스

- 알고이 알프스 — 파르자이어 슈피체(3,038m)
- 북 티롤 석회석 알프스 — 추크슈피체(2,963m)

• 잘츠부르크 석회석 알프스 — 호어 다흐슈타인(2,996m)
• 오스트리아 알프스 — 호흐토어(2,372m)

■ 남부 석회석 알프스

• 롬바르디아 알프스 — 몬테 레도르타(3,042m)
• 에취탈 알프스 — 치마 토사(3,176m)
• 남 티롤 호흐란트 — 마르몰라타(3,342m)
• 베네치아 알프스 — 치마 디 라레스(2,677m)
• 카르니쉐 알프스 — 잔트슈피체(2,863m)
• 율리쉐 알프스 — 트리글라브(2,868m)

2) 알프스의 주요 빙하지대

• 알레취(Aletsch) 빙하 — 핀스터아르호른 산맥(115qkm)
• 고르너(Gorner) 빙하 — 발리스 알프스(67,2qkm)
• 메 데 글레쎄(Mer de Glece) — 몽블랑(41,4qkm)
• 피셔(Fiescher) 빙하 — 핀스터아호른 산맥(40,0qkm)
• 운터아르(Unteraar) 빙하 — 핀스터아르호른 산맥(39,3qkm)
• 파스테르체(Pasterze) — 호에 타우어른(31,5qkm)
• 게파취페르너(Gepatschferner) — 외츠탈러 알프스(15,5qkm)
• 모르터라취(Morteratsch) 빙하 — 베르니나 산맥(21qkm)
• 구르글러페르너(Gurglerferner) — 외츠탈러 알프스(14,5qkm)

◀ 알레취 빙하

▶ 몽블랑

▶ 아이거 북벽

3) 알프스 산맥의 골짜기와 호수

· 제네바 호수(Genfer See, 581qkm)

'레만 호'라고도 불리는 알프스 지역에서 가장 큰 호수로 스위스의 3개 칸톤과 프랑스까지 뻗쳐 있다. 길이는 13.8km, 최저 수심은 310m이다. 주변에는 화려함이 넘치는 호반 풍경과 이름난 호텔들이 있다.

· 보덴제(Bodensee, 538.5qkm)

프랑스어권의 레만 호에 맞서는 보덴제는 독일어권의 정신적 고향이다. 스위스 · 독일 · 오스트리아 3개 국가의 국경이 맞닿은 호수 한복판에 마이나우 섬이 있고, 그 안에는 성과 슐로쓰키르헤, 장미 뜰, 호반, 알터벨투름 등이 있다. 콘스탄츠, 린다우 등 호숫가 도시들을 알프스가 인자한 노인처럼 내려다보고 있다.

· 가르다제(Gardasee, 370qkm)

이탈리아어로 '라고 디 가르다'. 상부 이탈리아 동쪽의 호수로 길이 53km, 깊이 346m이다.

· 노이엔부르크 호수(Neuenburger See, 215.8qkm)

제네바 레만 호수

프랑스어로 '락 데 뉴샤텔 Lac de Neuchâtel'이며, 스위스 쥐라 지역의 가장 큰 호수다. 12~15세기에 건립된 성과 인구 약 36,000명의 도시를 에워싸고 있다. 길이는 38km, 깊이는 153m이다.

· 라고 마쪼레(Lago Maggiore, 212qkm)

독일어로 '랑엔제'. 길이 65km, 깊이 372m이다. 이탈리아 상부에 놓여 있고, 6분의 1은 스위스 티치노에 걸쳐 있다.

· 콤 호수(Comer See, 146qkm)

이탈리아어로 '라고 디 코모'. 롬바르디아 호수들 중의 하나이며, 길이 50km, 깊이 410m이다.

▶
루체른 호수

취리히제의 야경

· 피어발트슈테트 호수(Vierwaldsstätter See, 113.8qkm)

많은 산악 속에 휩싸인 중부 스위스의 호수로 우리, 쉬비츠, 운터발덴, 루체른 등 네 곳의 숲이 에워싸고 있다. 길이는 38km이다.

· 취리히제(Zürichsee, 88.5qkm)

상 갈렌 · 쉬비츠 · 취리히에 걸쳐 있는 길이 40km, 깊이 143m의 호수로 발렌제와 연결되어 있고, 리마트 강을 지나 아레 강으로 흘러든다.

· 킴제(Chiemsee, 80qkm)

독일 바이에른 주에서 가장 큰 호수로 헤렌인젤 등 큰 섬들이 여럿 있고 깊이는 73.5m이다.

· 이세오제(Iseosee, 62qkm)

이탈리아어로 '라고 디세오'. 롬바르디아 호수 중의 하나로서 깊이가 251m이다.

· 슈타른베르크 호수(Starnberger See, 57.2qkm)

독일 바이에른의 알프스 전방지대에 있는 호수로 '뷔름제'라고도 한다. 깊이가 127m이다.

· 루가노 호수(Luganer See, 48.9qkm)

이탈리아어로 '라고 디 루가노'. 스위스 티치노의 호수로 이탈리아 코모 지역에 약간 걸쳐 있다. 깊이가 288km이다.

· 툰 호수(48qkm)

스위스 베른 주의 니더호른(1,958m)과 베아텐베르크(1,200m)를 끼고 있는 호수로 아레 강으로부터 물이 흘러든다. 깊이가 217m이며, 도시 인터라켄이 사이에 있다.

· 암머제(Ammersee, 47.6qkm)

독일 상부 바이에른 주의 호수로 깊이는 82m이다. 주변의 휴양 시설이 유명하다.

· 아터제(Attersee, 46.7qkm)

잘츠캄머구트와 오스트리아 알프스의 가장 큰 호수로 길이 20km, 깊이 171m이다.

· 락 뒤 부르줴(Lac du Bourget, 44qkm)

프랑스 사브와 주에서 가장 큰 호수로 길이 18km, 깊이 145m이다.

· 비일 호수(Bieler See, 42.2qkm)

독일어와 프랑스어를 함께 사용하는 인구 약 6만의 도시 주변의 호수이며, 깊이는 75m이다.

· 추크 호수(Zuger See, 38.5qkm)

스위스 쉬비츠, 추크, 루체른 사이의 알프스 북방지역의 호수로 깊이가 198m이다.

· 브리엔츠 호수(Brienzer See, 29qkm)

스위스 베른 주의 휴양 도시를 에워싸고, 툰 호수와 이어져 있다. 깊이가 262m이다.

· 트라운제(Traunsee, 25.7qkm)

상부 오스트리아 잘츠캄머구트에 있는 호수로 트라운슈타인 산마루에 있다.

· 발렌제(Walensee, 23.3qkm)

스위스 상 갈렌과 글라루스 주 사이의 산악 호수로 깊이가 151m이다.

그 밖에도 이드로제(Idrosee), 락 당시(Lac d'Annecy), 밀슈

트 호수(Millstätter See), 몬트제(Mondsee), 오르타제(Ortasee), 오시아흐 호수(Ossiacher See), 상-볼프강-제(St.-Wolfgang-See), 발헨제(Walchensee), 뵈르트 호수(Wörther See) 등 다수가 있다.

4) 알프스의 도로

알프스 산맥지대에는 해발 3,600m 이상 높이의 봉우리들이 약 50개가 넘는다. 상 고타르(길이 15km), 상 플롱(19.8km), 상 베르나르(St. Bernard), 쉬플뤼겐, 푸르카 등 독일 및 이탈리아와 연결되는 고개들이 있다.

주요 도로들은 다음과 같다.

- 슈틸프셔 요흐(Stilfscher Joch, 해발 2,757m)
- 그로쓰글로크너(Grossglockner, 해발 2,576m)
- 펠버 타우어른(Felber Tauern, 해발 2,545m)
- 심플론(Simplon, 해발 2,005m)
- 상 고타르(St. Gotthard, 해발 2,109m)
- 쉬플뤼겐(Splügen, 해발 2,310m)
- 몽스니(Mont Cenis, 해발 2,098m) : 6세기경 개통
- 타우어른(Tauern, 해발 1,225m) : 중세기 개통

융프라우요흐(융프라우 정상)

중부와 남부 유럽 문화권의 경계인 알프스의 고개들 중에서 가장 오랜 것은 브렌너와 상 베르나르 고개로서 청동기 시대부터 인간의 왕래 흔적이 있다. 현재는 터널이 뚫린 곳만 해도 30여 개가 넘고, 그 길로 철도가 통하는 등 교통이 훨씬 편리해졌다. 그러나 최근 이 지대의 환경보호를 위하여 「알프스 보호법」이 가결되어 화물 수송과 도로 신설 등 제반 금지 및 제한 조치가 강화되었다.

생태환경

1) 기후

알프스는 유럽의 전형적 기후와 환경을 고루 갖추고 있으며, 지역의 문화를 이어주는 시발점이다. 서유럽의 해양성 기후와 동유럽의 대륙성 기후의 중간형이다. 동부와 중부 유럽 대륙, 그리고 알프스 산맥 남쪽 티시노는 지중해성 기후권이고, 북쪽은 기온차가 적고 따뜻하며 비가 많이 내리는 서안해양성과 기온차가 큰 건조한 대륙성이 뒤섞인 중간형 기후이다. 기온차가 심하고 변화무쌍하여 저기압이 발생하거나 산 양쪽에 기압차가 생기면 푄현상이 일어난다.

일조시간이 적어 여름에도 집 안에 있으면 서늘하다.

연평균 강수량은 론 강 유역(남서부)에서 533mm, 센티스 산(북동부) 근처에서 2,896mm, 융프라우 정상에서는 4,000mm 이상이다. 해발 3,500m가 넘는 곳의 강수는 모두 눈으로 인한 것이다.

남쪽 스위스 및 이탈리아는 대서양의 영향권에 있는 중부 유럽의 과도기적 기후로서 서풍 내지 서북풍이 지배적이다. 대륙성 기후로 습기가 많은 편이다. 동북부의 기후는 남부와 서부 알프스 산맥의 그것과 대조를 이룬다. 북부(알프스 방향)로 갈수록 강수량은 증가한다. 겨울에는 눈이 많아 교통장애도 잦다.

2) 풍토

알프스 지역의 산은 대개 해발 3,000m 이상이고, 가장 높은 산은 그로스글로크너(3,797m), 북부 석회석 알프스의 파르자이어 봉(3,036m), 누층계 알프스(2,772m)이다. 남부 독일 슈바르츠발트로부터 흑해로 흐르는 도나우강(길이 350km)은 알프스의 저면 지형이며, 오스트리아는 동 알프스(62.8%), 알프스-카르파티아 산맥 전방지대(11.3%), 동쪽 전방지대(11.3%), 빈분지(4.4%), 화강암과 편마암 고원지대(10.1%) 등으로 알프스가 중심을 이루고 있으며,

호흐알펜추크의 호흐토르(Hochtor, 2,369m)와 젱센 산맥의 호어 노크(Hoher Nock, 1,961m) 등 북방 석회석 알프스에 닿는다.

이탈리아의 토양은 기후와 지형에 따라 매우 다양하게 조성되어 있고 그 중에서 알프스와 포 평원, 그리고 반도부가 각각 독특함을 자랑하고 있다. 알프스 지대는 흑색의 부식질 토양이며, 포 평원은 온대의 습윤 갈색토이다. 북동쪽으로는 베네치아 평원이 슬로베니아 석회암 산지와 접한다. 포 평원은 서쪽에서 동쪽으로 점차 낮아지며, 북쪽 산록의 빙하퇴적물은 줄지어 반원형의 구릉을 이루고 있다.

쥐라 산맥, 중앙고원 등과 더불어 스위스의 3개 토양의 중심을 이루는 알프스는 만년설, 바위절벽, 골짜기, 폭포, 돌로 가득하다. 북쪽 알프스는 심한 빙식작용을 겪은 베른 지역의 핀스터아호른(4,274m)이 최대 높이를 자랑한다. 남쪽의 최고봉은 발리스 지역의 몬테 로사(4,634m)로서 동쪽 피츠 베르니나의 레토 알프스(4,049m)와 어깨를 겨룬다. 알프스 남쪽 하강지역은 티시노의 국경이다. 하천망의 중심은 성 고타르 산맥으로, 여기서 라인 강은 동북쪽 북해로, 로이스 강은 북쪽으로, 아레 강은 서북쪽으로, 긴 골짜기 지대인 론 강은 남서쪽 지

◀ 마터호른을 품은 체르마트

중해로, 인 강은 도나우 강으로 유입하여 각각 흑해로 빠진다.

세계의 3대 북벽이라 불리는 마터호른은 칼날같이 솟아 있는 화강암 덩어리로서 체르마트(4,505m). 클라인 마터호른(3,820m), 고너 그래더(3,100m)를 좌우로 거느리고 있다. 스위스에서 가장 높은 뒤푸르 봉(4,634m)은 이탈리아 국경 근처에 있다. 또한 알프스 지역의 호수들은 샹모리츠, 다보스, 루체른, 인터라켄, 로잔, 로카르노, 루가노 같은 도시들을 발전시켰다.

융프라우요흐(Jungfraujoch, 3,475m)는 베른 알프스 산맥의 최고봉으로 대부분 화강암으로 되어 있다. 북벽에는 중생대 쥐라기의 석회암이 몸체를 드러내고 있다. 터널을 지나면 드넓은 설원이다.

베터호른(Wetterhorn, 3,701m), 베르클리슈토크(Berglistock, 3,656m), 아이거(Eiger, 3,970m), 묀히(Mönch, 4,099m), 글레춰호른(Gletscherhorn, 3,983m), 에브네플루(Ebnefluh, 3,962m) 등 모두가 대자연의 위용을 뽐내고 있고, 특히 융프라우로 가는 중간 기착지 그린델발트(Grindelwald)의 경치는 아름다운 한 폭의 수채화를 보는 듯하다. 벵엔, 뮈렌, 아델보덴, 렝크, 그슈타트, 베아텐베르크, 브리엔츠, 지멘탈, 리더알프, 골메넥, 블리넨호른, 오펜호른 등 수려한 알프스 경관이 이어진다.

오스트리아 국경에 근접한 동남부 앵가딘 계곡에는 질 좋은 광천수 때문에 신비의 온천지로 알려졌다. 그 밖에도 알프스의 진주라 불리는 사스페. 해발 1,800m 정도에서 출발하는 케이블카 '알핀 익스프레스', 세계에서 가장 높은 곳을 달린다는 산악지하철은 알프스의 신비체험에 한몫을 담당한다.

3) 동·식물 자원

알프스 고산지대에는 나무가 없다. 2,500m 정도 높이가 되면 꽃피는 식물들이 혼재해 있고, 3,000m의 높이에는 아예 목초지뿐이다. 침엽수가 기본 수종을 이루고 있는 산간 숲 지대는 높이에 따라 다섯 지대로 구분된다. 해발고도 550m 아래 지역과 남부지역에서는 밤나무, 호두나무, 삼나무, 아몬드나무, 야자수, 무화과나무, 오렌지나무 등이 자란다. 약 1,000~1,200m까지는 전에는 떡갈나무가 많았지만, 오늘날에는 너도밤나무·단풍나무·참나무 등이 주종을 이루고 있다. 또한 1,170m 지점에는 중부 유럽에서 가장 높은 포도단지가 있다. 그리고 1,700m까지는 소나무와 전나무, 2,100m까지는 철쭉과 낙엽송이 자란다.

산맥지대에는 주로 토끼, 여우, 오소리, 마못, 사슴, 영양, 수달과 다양한 조류들이 서식한다. 야생동물로는 평원과 낮은 구릉지대에 노루가 있으며, 더 높은 곳에 붉은 사슴이 서식하고 있다. 야생염소와 스위스영양은 거의 소멸 상태를 맞았지만, 요즈음은 특별한 보호대책으로 차츰 그 수가 증가하는 추세에 있다.

인류의 공동 문화유산인 알프스 지역의 환경보호를 위해서 관계국들은 환경촉진법 제정, 깨끗한 환경 유지 및 삼림 보호, 교통 유해물질 감소책 등 최우선적인 시책을 정부·지방 합작으로 펼치고 있다.

알프스의 나라들 돌아보기

1) 프랑스

프랑스 국기

알프스 산맥 중 가장 높은 봉우리 샤모니 몽블랑(4,810m)이 있다. 제네바에서 약 90km, 앙시에서 100km 떨어진 오 사브와 지역으로 이탈리아 국경에 걸친 1,035m의 고도상에 위치한다. 아름다운 단층지괴와 웅장한 설경을 자랑하며, 험준한 수성암 절벽과 빙하에 둘러싸인 이곳에는 악마의 집이라 불리는 공포의 장소도 있다. 1786년 의사 미셜-가브리엘 파카르와 자크 발마가 최고봉 몽블랑을 첫 등정하였다. 이듬해 스위스의 자연과학자 소쉬르가 뒤를 이었다. 청명한 공기와 신록, 새하얀 만년설, 그리고 험준한 산봉우리, 그 사이로 펼쳐지는 호수가 마냥 평화롭고 아름답다. 1924년 제1회 동계올림픽이 개최되었고, 펜촉에 산 높이의 숫자가 적힌 몽블랑 만년필은 세계적으로 유명하다.

2) 독일

독일 국기

독일의 알프스는 고산지대·중부산악지대·저지대로 분할, 유럽의 여러 지역과 자연경계선을 이루고 있다. 북쪽으로는 평균 고도 500m의 중앙고원과 평야, 남서쪽으로는 중부산맥지대가 시작되며, 그를 따라 라인 강이 흐른다. 또한 도나우 강을 향해 지대가 낮아지면서 알프스 전방지역을 이룬다. 남쪽 지방에는 북부 석회석 알프스, 알고이 알프스, 바이에른 알프스가 있어 지형적으로 크게 돌출되어 있다. 추크슈피체(2,963m), 그리고 베르히테스가덴 알프스 등과 알프스 전방지대의 암머제, 슈타른베르크 호수(뷔름제), 킴제, 보덴제 등 호수들도 많다.

알프스 전방지대의 시발점 알고이는 레히 강·보덴제·고산지대 사이에 있고, 상부 슈바벤의 초원 및 숲과 연결된다. 이 지역은 동쪽 페른 고개, 파르자이어 봉(레히탈 알프스, 3,038m), 쉐자플라나(레티콘, 2,969m), 브라우날 봉(브레겐츠 숲, 2,651m) 등으로 이어진다. 주산업은 축산과 낙농이며 독일 전체 생산량의 30%와 70%를 차지한다.

3) 이탈리아

이탈리아 국기

산지와 구릉이 많고 평야가 적은 이탈리아는 지형상 알프스, 포 평원, 반도, 섬 등 네 부분으로 나뉜다. 알프스는 서쪽으로 제노바 만의 카디보나에서 아드리아 해 북쪽의 트리에스테까지 뻗어 있으며, 서·중·동 알프스로 구분된다. 서 알프스의 안쪽은 함몰되어 좁은 급사면을 가진 포 평원을 둘러싸고 있다. 몽블랑 부근은 현저한 빙식지형으로 산군(山群)의 양쪽에는 상베르나르 대고개(2,469m)와 소고개(2,188m)가 있다. 그 남쪽에 있는 주령(主嶺)으로 몽스니 고개(2,098m), 프레쥐스 고개(2,528m), 몽주네브르 고개(1,860m) 등이 있다. 동쪽의 아디제 계곡을 거슬러 올라가면 동 알프스의 레셴샤이데크 고개(1,510m)와 브레너 고개(1,375m)에 이른다. 북부에는 마쪼레 · 루가노 · 코모 · 가르다 등의 호수가 있으며, 알프스 산록지대는 빙퇴석에 의해서 막힌 것으로 가장 깊은 곳은 가르다제의 346m이다. 베네치아 알프스 부근에는 좁은 계곡에 대규모 애추(崖錐)가 형성되어 있다. 포 강 유역의 평원은 동서 길이 약 400km, 남북 너비 100～200km로 세 방향이 알프스와 아펜니노의 두 산맥에 의해서 둘러싸여 있으며, 동쪽은 아드리아 해에 면한다.

4) 슬로베니아

슬로베니아 국기

동남쪽으로 알프스와 석회암 석지의 풍치지역이 있다. 해안지역은 지중해성 기후, 내륙지역은 유럽대륙성 기후이다.

8세기경 독일 바이에른의 지배를 받고, 13～14세기에 합스부르크 왕조에 소속되었으며, 1991년 구유고연방으로부터 독립, 대통령을 국가원수로 하고, 양원제의 입법부와 독일형 의원내각제를 근간으로 한 정부형태를 갖추고 있다.

지역의 주요산업으로는 제조업, 서비스업, 유통업, 운송통신, 건설, 농업, 축산, 임업, 수산업 등으로 알프스 생태계와 밀접한 관계를 맺고 있다.

5) 스위스

26개의 자치주들이 있는 이 나라의 공식 이름은 스위스 연방공화국. 유럽의 동과 서, 남과 북을 연결시켜 주는 내륙의 십자로. 41,293qkm의 면적에 인구는 약 758만(외국인 134만). 독일어(75%), 프랑스어(20%), 이탈리아어(4%) 등 3개의 국가공용어와 레토 로만어(1%)를 쓰는 다문화 국가이다.

알프스가 차지하고 있는 면적은 상대적으로 적지만 가장 대표적인 나라로 인식되고 있는 것은 산이 차지하고 있는 비율과 역할이 크기 때문이다. 실제로 알프스는 정치, 경제, 산업, 문화 등 거의 모든 분야에서 국가활동의 젖줄이자 무한한 가능성의 영역이다.

소속 칸톤(주)은 아르가우, 아펜첼 A.-Rh., 아펜첼 I.-Rh., 바젤 시, 바젤란트, 베른, 프리부르, 제네바, 글라루스, 그라우뷘덴, 루체른, 노이엔부르크, 상 갈렌, 샤프하우젠, 쉬뷔츠, 솔로투른, 티시노, 투르가우, 옵발덴, 니드발덴, 우리, 바트, 발리스, 추크, 취리히 등이다.

6) 오스트리아

오스트리아는 유럽의 중앙 남쪽에 위치, 알프스 동부와 도나우 강 지역, 그리고 지중해 지역과 이웃하면서, 서쪽으로는 스위스와 리히텐슈타인, 북서쪽에는 독일, 북쪽으로 체코, 동쪽으로 헝가리, 남동쪽으로 슬로베니아, 남서쪽으로 이탈리아 등과 인접해 있다. 알프스는 전체 면적 중 약 60%를 차지한다. 동부 알프스의 대부분을 차지하고 있고, 남서쪽(포어아를베르크-티롤)으로 중앙

◀ 잘츠캄머구트

알프스의 분수령(레쉔샤이데크 고개와 브렌너 고개)까지, 동남쪽에서 누층(累層)계 알프스와 남부 석회석 산군의 카라방크 알프스에 이른다.

부르겐란트 · 케른텐 · 하부 오스트리아 · 상부 오스트리아 · 잘츠부르크 · 슈타이어마르크 · 티롤 · 포어아를베르크 · 빈 등 9개 주로 이루어졌으며, 민족 구성은 게르만 · 로만 · 슬라브 · 헝가리족 등 다양하다. 잘츠캄머구트와 케른텐 지방에 알프스 호수들이 많다.

7) 리히텐슈타인

리히텐슈타인 국기

스위스와 오스트리아 사이에 있는 대공국으로 인구 약 23,000명, 면적 160qkm의 소국이다. 라인 강 계곡을 마주한 동 알프스 서쪽 경사면에 위치하고 있으며, 라인 강 평야와 알프스 고계곡 라베나 · 사미나 · 말분 · 발로르쉬(2,600m)를 포함한 레티콘(Rätikon) 산의 서쪽에 있다. 민족은 알레만족, 대부분의 영토는 농지와 초원, 알프스 고원목장, 숲 등이며, 경제 · 행정 · 문화체계가 인근국과 유사하다.

지역의 역사

알프스는 역사상 매우 중요한 장소이다. 산맥은 유럽 대륙의 중앙에 위치하고 있기 때문에 로마인의 갈리아 침입, 종교개혁, 프랑스 혁명, 나폴레옹 원정, 두 차례 세계대전 등 중요한 역사의 순간들을 지켜 보았다. 또한 지형이 험난하여 라인 강과 더불어 영토의 자연적 경계를 형성하곤 하였다. 즉 이곳을 기점으로 하여 북쪽의 게르만, 남쪽의 로만 문화권이 갈라진다. 쉘데 강에서 알프스를 넘어 영토를 확장하였던 1081년대의 독일제국이 위대하게 평가되는 것도 그 때문이다.

알프스의 역사는 구석기 시대 후기부터 언급된다. 빙하지대의 동굴과 바위에는 당시의 주거흔적들이 남아 있다. 호수 주변에는 신석기 시대의 유물이 뚜렷하고, 청동기 · 철기 시대까지 이어진다.

그러나 좀 더 구체적인 증거는 BC 5세기경 켈트인의 정착 후부터 나타난다. 그 중 가장 세력이 강했던 헬베티아 족이 스위스 서부를 차지하고 라인 강 북쪽의 게르만인과 대립한다. BC 107년 그들은 로마의 집정관 카시우스의 군대를 격파하고, BC 59년에는 론 강을 따라 갈리아의 평원에 나가려 했으나 카이사르의 군대를 만나 크게 패하고 만다. 그 이후 로마인들은 이곳을 '헬베티아'라고 부르고, BC 58년에 전략적으로 중요한 알프스 산맥 통로를 요새화한다.

3세기에 로마인들을 공격하기 시작한 게르만족이 5~6세기에 이곳에 정착한다. 4세기에는 기독교가 전해졌고, 5세기 민족 대이동 때에는 서부에 부르군트족, 동 · 북부에 알라만 족이 자리를 잡으며, 각기 라틴 및 게르만 문화의 씨앗을 뿌려 언어의 경계도 형성된다. 5~6세기에는 프랑크 왕국의 영토가 되었으며, 후에 동프랑크(신성로마제국)가 차지하고, 많은 독립영토로 세분된다. 이 과정에서 독일, 프랑스, 이탈리아, 슬로베니아가 편입된다. 오스트리아의 역사도 도나우와 알프스 지역 바이에른인의 지속적인 통치와 더불어 시작된다.

7세기 이후 기독교 세력이, 9세기에 프랑크족의 지배가 확고해지면서 817년 '알프가우'(Albgau)로 처음 언급된 알고이 땅이 편입되고, 10세기에 이슬람 교도와 마자르족의 침략이 있은 후, 11세기에는 지역 일대가 신성로마제국의 영토가 된다.

프랑크족은 5세기 말 게르만 법에 의한 세습재산 분할제 때문에 끊임없는 분쟁에 휘말린다. 이에 따라 스위스도 분할된다. 특히 '우리' 지방은 중부 유럽과 이탈리아를 잇는 경제적·군사적 이해관계 때문에 더욱 어려움을 겪는다. 신성로마제국의 일부가 된 이후, 스위스는 자주정신을 더욱 드높이고, 11세기 말부터 13세기 초까지 체링엔 왕조의 지배하에 놓인다. 그 후 합스부르크가 동부 스위스, 슬로베니아를 중심으로 세력을 확장하여 압박을 가한다. 1256~1273년 사이의 대공위 시대에는 자치권을 누렸으나, 합스부르크의 루돌프 1세가 황제가 되면서 차츰 자유의 위협을 받는다.

1291년 8월 1일 신성로마제국 시대에 합스부르크가의 압제에 맞서 투쟁을 하는 과정에서 스위스 중앙 산악지대의 3개 주 우리, 쉬뷔츠, 니트발덴(곧이어 옵발덴 주 포함)의 주민들이 결속함으로써 연방의 중심이 된다. 1315년 침공하는 오스트리아 군을 격파하고 8주 동맹이 성립된다. 그 후 합스부르크의 레오폴드 3세가 슈바벤과 라인 지방의 도시들과 연합하여 옛 영토를 회복하려고 침공하자 젬파하(루체른 주)에서, 알브레히트 3세의 군대를 네펠스(글라루스 주)에서 물리치고 독립적 위치를 확보한다. 그 후 부르고뉴의 침입도 막는다. 또한 합스부르크의 막시밀리안 1세가 황제로 등극하면서 스위스를 압박하기 시작하자 각 주는 더욱 단결하여 과세·병역 및 제국법정의 승인을 거부하고, 1499년 전쟁에서 승리함으로써 신성로마제국으로부터 독립한다.

알프스 지역은 16세기부터 종교개혁의 중심지가 된다. 1519년 글라루스의 목사 울리히 츠빙글리(Urlich Zwingli, 1484~1531)는 취리히에서 복음주의에 입각한 예배의 형식, 용병제 배격, 우상폐지, 빈민구제 등 급진적 개혁을 주창한다. '베른 회의'에서는 각 주가 신앙을 자유로이 선택할 수 있게 하였으나, 두 차례 전쟁 끝에 개신교 측은 패배하고 츠빙글리도 전사한다. 한편 신교 중심지가 된 제네바도 파렐과 칼뱅의 힘으로 신정정치의 도시가 된다. 17세기에도 두 차례의 종교적 분쟁이 있었으나 파국은 모면한다. 1648년 '30년 전쟁'이 끝나면서 독립적인 위치를 더욱 공고히 한다.

1778년 스위스는 프랑스에 의하여 점령당하고, 13주

연맹이 굴복, 1798년에는 아르가우에서 헬베티아 공화국이 세워진다. 프랑스식 공화국 헌법을 기초하고, 제1회 입법회의도 연다. 1803년까지 거의 무정부 상태로 머물며 프랑스-오스트리아 전쟁 중에도 중립을 지켰으나 옥스와 라 하르프 등이 정부에 출병을 요구하자, 나폴레옹은 이를 빌미로 알프스를 밀라노 침입을 위한 통로로 삼는다.

1813년 나폴레옹이 라이프치히에서 패전한 후에는 옛 정부가 부활하고, 대륙 봉쇄로 원료가 들어오지 않아 정지 상태였던 동부의 직물업도 활기를 되찾는다. 1815년 빈 회의에서 스위스는 영세중립국으로 인정되고, 연방헌법을 선포한다. 1840년대에 몇몇 주들은 독립된 연방을 세우려고 하지만 좌절된다. 또한 종교문제가 얽혀서 1844년 가톨릭 7개 주는 '특별 연맹체'를 결성, 1847년 내전에 돌입하였으나 여러 자유 주에서 다수를 차지한 의회가 파병하여 가톨릭 세력을 격파함으로써 해체된다. 1848년 2월 혁명과 기타 정세의 영향으로 새 헌법이 채택되고, 연방제의 한 국가로 정착되는 한편, 1851년에는 영세중립국으로 승인받는다. 연방정부의 권한 강화, 헌법의 개정, 국민투표제도 도입으로 정치는 안정된다.

두 차례의 세계대전 중에도 스위스를 중심으로 한 알프스 국가들은 국제관계에 신중한 자세를 견지하며 자구책을 마련한다. 특히 스위스와 오스트리아의 경우, 중립적 위치를 이용하여 은행 비밀위탁제도를 강화하여 경제번영의 토대를 이루는 반면, 나치 정권의 자금 공급원이 되거나, 나치 점령지에서 탈출한 유대인들을 강제로 송환시킴으로써 도덕성의 문제로 비난을 받기도 한다. 그런 중에도 이 지역은 각종 국제회의 본부를 유치하는 등 세계와의 연결에 주력하며 오늘에 이르고 있다.

정치와 행정

1) 정치

알프스인의 민주의식은 지형적인 조건과 연관하여 자유, 평등, 통일, 충성에 뿌리를 두고 있다. 그것은 시민정신의 기본 요소로 작용된다. 이러한 기반 위에 오스트리아, 독일, 스위스의 연방제가 자리한다. 1848년 혁명의 소용돌이 속에서 잠시 시민전쟁에 말렸다가 평화로운 연방체제를 공고히 한 스위스는 이때 제정된 연방공화국 헌법(1974년 5월 29일 개정)에 따라 각 주의 주권을 강화한다. 연방주의는 위로부터의 관료적·국가적 규격화(단일화)를 차단시키는 한편, 균등한 화합과 적절한 배분원칙을 확립시킨다. 수많은 정치적 결정들은 주

정부에 맡겨지고, 국방·외교·금융 등 큰 국가정책들은 연방정부가 책임진다. 직접민주주의 방식도 현대 정치 사회 구조로 발전하여 비단 스위스만이 아니라 알프스 지역 전체에 퍼진다.

법 집행은 각 주의 관할이며 최고 사법기관으로 연방 대법원이 있다. 입법권은 양원제인 '연방의회'에 있다. 의원들은 나라마다 조금씩 차이가 있지만, 임기 4년의 비례대표제로, 직접 무기명투표에 의해 선출된다. 의회를 통과한 법률에 대해서는 90일 이내에 국민투표를 요구할 수 있으며, 5만 표 이상의 반대로 법률을 철회·수정할 수 있다. 구체적인 시행방법은 나라와 지방에 따라 다르다.

정당으로는 급진민주당(FDP), 사민당(SPD), 기독민주당(CVP), 인민당(SVP) 등이 있고, 의회의 의석수는 거의 균등하다. 연방의회는 내각에 해당하는 연방평의회, 연방법원 판사, 비상사태 때의 국방군 사령관을 선출한다. 선거권은 20세 이상의 국민에게 주어진다.

행정권은 4년마다 연방의회에서 선출되는 7명으로 이루어진 '연방 평의회'(Bundesrat)에서 행사한다. 이들은 서로 다른 주에서 선출되어 외무, 내무, 경제, 경찰, 군사, 재정, 관세, 우편, 철도 등의 부서를 담당한다. 평의회의장은 임기 1년이며 해마다 윤번제로 선출되는 연방대통령이 의장이 되며, 주로 대외활동을 담당한다.

사법행정은 연방법원과 연방보험법원으로 갈라진다. 연방법원은 임기 6년의 판사(의회선출, 재선가능) 26~28명으로 구성되고 로잔에 있으며, 연방보험법원은 건강보험·사고보험·군 보험에 관한 소송을 취급하고 루체른에 있다.

헌법에 '주권재민'을 천명하고 있는 민주주의 연방공화국 오스트리아는 1920년 연방헌법을 기초하였다. 1867년 오스트리아-헝가리 군주국의 국가기본법에 토대를 두고 있으며, 1929년에 개정되어 사법권의 기능을 3개의 고등법원으로 나누고 있다. 따라서 인종·언어·성·신분 등에 있어서 평등과, 언론·출판·표현·신앙의 자유를 보장받는다. 상하 양원제의 입법기관은 비례대표제에 의한 일반투표로 이루어지며, 새로 구성된 연방정부는 국민의회의 재가를 받아야 하고, 상원의 기능은 국민의회에서 통과된 법률을 재검토하는 등 스위스의 기본 틀과 대동소이하다.

1933년 독일제국의 점령 이후부터 1945년 '제3제국'의 일부였을 때까지 오스트리아의 의회민주주의는 사실상 봉쇄되어 있었지만, 1945년 4월 27일 독립선포 이후 민주주의가 급성장하였다. 이를 위해 투쟁한 3개의 반파시즘 당, 오스트리아 사회민주당(SPÖ), 기독사회당(후에 오스트리아 인민당 ÖVP), 오스트리아 자유당(FPÖ), 그리고 오스트리아 공산당(KPÖ), 1986년 창립된 녹색당, 1993년의 '자유 포럼' 등의 공적이 크다.

6년의 임기로 일반투표에 의해 선출되는 대통령은 국가원수로서 주로 공식적 역할을 담당하며, 단 1회에 한해서만 재선될 수 있다. 대통령은 연방정부의 행정적 대표 역할을 담당할 총리를 지명하고, 하원의 가장 강력한 대표자가 있는 당에서 각료회의의 의장이 된다. 사회당(사회민주당)은 이 나라의 중요한 정치조직으로 존재하면서 때로는 오스트리아 기독사회당(인민당) 등 야당 연정체제를 이루어 정치선진화의 모습을 갖추고 있다.

알프스 주변국 중 동구 성향의 나라 슬로베니아도 실제로는 독일과 오스트리아와 비슷한 친서방의 외교정책을 쓰고 있다. 위의 나라들은 민주공화국으로서 7년마다 의회와 선거인단에 의해서 선출되는 대통령 중심의 이탈리아와 프랑스의 중앙집권체제와 비교되며, 알프스 북부와 남부의 정치문화의 대립현상으로 나타난다. 알프스의 나라들은 신속하게 변화되는 유럽 대륙의 정세와 항상 면밀한 관계를 유지하고 있다.

2) 영세중립의 길

스위스와 오스트리아, 슬로베니아 등 열강의 틈새에서 시달려 오던 알프스의 나라들에게는 정책상 중립 내지 쇄국 방침은 어쩌면 불가피하였는지 모른다. 역사학자 헤르베르트 뤼티(Herbert Lüty)는 "스위스는 항상 고립주의의 시험과 국제적, 유럽 또는 세계와의 소명 사이에서 움직인다"고 말한다. 이러한 현실은 험난한 알프스의 지리적인 조건이 낳은 결과일 수도 있다.

1515년 상부 이탈리아 마리나노 전투에서 비참한 패배를 맛본 이래 전쟁에 개입하지 않는 것은 스위스의 국가적 철칙이 되었다. 그 이후로 자기 나라의 현안문제 이외에는 어떤 것에도 상관 않는다는 이른바 '비참여 정책'이 영세중립의 길을 재촉하였다. '침묵'과 '구경꾼 역할'에 대한 비난의 목소리도 뒤따랐다.

이념의 제3지대 스위스는 그러나 위기의 인간에게 희망과 기쁨을 안겨 주는 공간으로 자라났다. 정치적 핍박으로 생명의 위협을 느낀 사람, 양심적인 작가나 예술가들, 또한 몸에 병이 들어 회복의 희망을 안은 사람들이 이 나라의 문을 두드렸다. 일찍이 에라스무스가 바젤을 활동의 본거지로 삼았고, 루소·볼테르·네케르·크라비에르 등이 피난처를 구했다. 나치에 쫓긴 아인슈타인도 스위스를 찾았다. 독일 작가 게오르크 카이저와 토마스 만, 비정치적이라고 자처한 라이너 마리아 릴케와 헤르만 헤세도 이곳에 둥지를 틀었다. 이들은 이념을 초월한 냉철한 눈빛으로 새로운 문화의 창달에 앞장섰다.

종교적인 박해를 피해 프랑스에서 도피해 온 위그노파도 기꺼이 맞아들였다. 그들 중 시계기술자들이 쥐라 산맥의 골짜기에 자리를 잡고 스위스의 시계산업을 일으켰다. 곤경에 처한 자들에게 베푼 알프스의 선의가 산업의 맥박이 된 것이다.

이 지역 출신의 인류학자 앙리 뒤낭(Henri Dunant, 1828~1910)은 국제적십자를 창설하여 인류평화에 공헌했다. 그는 저서 『솔페리노의 추억』(*Un Souvenir de Solférino*, 1862)에서 전쟁부상병의 비참함을 묘사하는 가운데, 적군이든 아군이든 인간애라는 관점에서 모두 도와야 한다는 휴머니즘정신을 주창한다. 중립적인 구호조직의 필요성이 역설되고 스위스가 중심 역할을 하게 한다. 적십자기가 흰 바탕에 붉은 십자가, 스위스 국기가 반대로 빨간 바탕에 흰 십자가인 것도 우연이 아니리라. 그는 1901년 제1회 노벨 평화상을 수상하였다.

3) 시민문화

알프스의 험한 지형조건은 지역마다 다르고 작은 문화를 자라나게 했다. 국가의 개념보다는 게마인데나 칸톤 등 소규모 정치단위가 생겼다. 여기서 파생된 것이 직접민주주의. '국민을 위하여', '국민을 통하여'로 대표되는 민주주의의 현장 스위스는 1848년 이후 오랜 동안 유럽의 유일한 공화국(베네치아는 제외)으로서 보편적이고 균등한 선거권을 기반으로 한 직접민주주의의 기틀을 마련한다.

특히 근자에 이르러 군대철폐, 핵무장법안, 핵실험 금지조약, 정보문건, 700년 창립행사, EG 가입, 나치 금궤, 무연고 재산처리, 유럽경제공동체 가입, 과세에 대한 증세 여부 등 나라의 중요한 문제들에서 서머타임(summer time)을 시행하느냐 안 하느냐 같은 사소한 문제에 이르기까지 국민투표에 붙여 의견을 조정한다. 주민들은 관권의 개입이나 제약이 없이 자유로운 의사표시를 한다. 의회의 입법에 대한 비토권도 행사한다. 명실 공히 권리의 주체가 된다. 정책결정과정이 느리다는 폐단은 있지만 의회 대표제가 지니는 문제점들을 보완해 주는 직접민주주의는 시민들의 사회참여의식을 강화시켰다. 19세기에 들어서면서 의무와 명예를 앞세운 '시뜨와앵'(citoyen)의 역할로 자라난다.

관료, 군인, 귀족 계층이 주도하는 중앙집권체제 대신에 항상 개인적인 자유와 사회적인 의무를 전제로 한 시민정신이 들어선다. 개인과 시민단체, 개별성과 보편성이 서로를 보완, 생산적으로 화합하여 공익사회를 창출한다.

BC 400년경 험난한 알프스 지역에 다양한 민족이 유입된다. 자유농민의 사회가 형성된 이곳에 12세기 말 합스부르크 왕가의 신성로마제국이 압박을 가함으로써 자유독립의 투쟁사가 시작된다. 이때 빌헬름 텔의 전설이 나타난다. 이런 연유에서인지 알프스인의 자주국방의식은 남다르다. 곳곳에 군사박물관이 있어서 용맹스런 역사의 현장을 재현해 주고 있다. 군사문화의 전통은 일찍이 용병제도로 뿌리를 내려, 1474년 처음으로 프랑스 루이 11세의 용병을 파견한 이후, 1513년 이탈리아 전쟁 당시에는 루이 12세를, 프랑스 혁명이 한창일 때 루이 16세를 지켜 주었다. 오늘날도 교황청의 경비책임은 스위스인이 맡고 있다. 탁월한 충성심과 용기 때문이다.

스위스인의 국방태세는 알프스 국가의 규범이 되고 있다. 평화를 사랑하는 국민 모두가 군사무장에 대해서 강한 지지를 보낸다. 상비군 편제로는 기갑 1개 사단, 보병 2개 사단의 야전군 3개 군단, 보병 2개 사단의 산악군 1개 군단 등 육군과 공군이 있지만, 대부분의 시민들은 군복·무기·탄약을 집에 보유하여 유사시에 대비한다. 명령이 내려지면 48시간 내에 110만 명의 소집이 가능하다.

국민개병제도에 입각한 군사체제하에서 병역의무를 지니는 20～50세의 남자는 모두 시민인 동시에 군인이다. 이들은 17주간의 기본 훈련 후, 현역(20～32세), 예비역(33～4세), 후비역(43～50세)으로 분류되어 일정 기간 재훈련을 받는다. 군사문화는 국민의 단결의식과 향토애의 일환으로 토착화되어 있다.

경제

1) 경제 인프라

자원이라곤 인력뿐이라고 믿고 있는 스위스. 따라서 경제발전은 아주 더딘 발걸음일 수밖에 없었지만, 이제 경제대국으로 확고한 자리를 차지하고 있다. 서비스 산업의 높은 경쟁력을 바탕으로 현재 국민총생산(GNP)은 1인당 58,084달러로 세계에서 가장 높은 편에 속한다.

알프스의 가파른 비탈길은 쓸모없는 땅이었다. 농지 경작이나 축산지로도 적합하지 않았다. 젖소들에게는 평평한 땅이 필요했다. 그러나 알프스인은 산양이나 염소들에게는 그렇지 않다는 점에 착안했다. 오히려 작은 체구와 짧은 다리의 동물들에게는 이런 악조건들이 선

용될 수 있었던 것이다. 알프스 지역경제의 발전은 이처럼 주어진 여건들을 탓하지 않고, 바람직한 방향으로 상승 발전시킨 결과이다. 이런 정신은 모든 분야에 적용되었다.

최근 100년 동안 취업가능인구의 약 49% 이상이 2차 산업에 종사하고 있다. 노동인구의 약 4분의 1이나 되는 외국인 노동자와 거의 35만에 달하는 외국에 거주하는 스위스인들은 스위스 경제성장의 지속적인 버팀목이 되었다. 이들은 외국주재 상사를 설립하고 변함없는 인내와 노력으로 성공을 거두는 한편, 기술·언어·시장 지식을 가지고 돌아와 새로운 발전의 초석이 되었다.

그에 따라 기계공업, 경공업 등 기술집약적이며 정밀함이 요구되는 분야에서 세계적 명성을 얻고 있다. 또한 화학공업 분야도 전통적으로 강세다. 무역은 석유·기계·석회·시멘트·소금·모래·자갈 등 원자재와 식량 등을 수입하고, 초콜릿·치즈·연유·유아용 식품 등 농림산물 이외에 견(絹)제품·봉제품·시계·기구·기계·금속·화학제품 등 고가 완성품을 수출하여 국제적인 관심을 모으고 있다. 수출입 중 3분의 2 가량이 독일, 프랑스, 이탈리아, 미국, 영국 등 유럽연합 국가들을 대상으로 하고 있다. 관세율이나 수입제한을 최저로 매기

거나 철폐하는 자유무역주의 정책, 대량의 외자도입으로 국제수지흑자가 계속되고 있다.

고도성장의 공업국가인 오스트리아는 사회적 시장경제를 지향한다. 수요와 공급이 국민경제의 중요한 조정요인이며, 개인경제적인 차원에서 모든 것이 보장되어 있지만 시장의 활동을 어느 정도 통제하는 장치도 있다. 1994년 이후 유럽경제권(EWR)에 소속되었고, 1995년부터 유럽연합의 회원국이며 대외무역은 역시 이 국가들에 집중되어 있다. 제조업과 상업에 기초, 자유시장경제와 국영경제가 혼합되어 있다. 국민총생산(GNP)은 보통의 성장률을 보이며, 1인당 GNP는 약 45,181달러로 서유럽의 다른 나라들과 비슷하다. 그것은 주로 제조업, 무역, 금융, 경영, 방위산업 등에서 이루어진다.

2) 작은 것이 아름답다

알프스 사람들은 작은 것을 좋아한다. 그런 가치관을 모든 영역에 접목시키고 있다. 규모가 너무 비대해져 어려워진 관리통제의 부담을 덜고 좀 더 빠르게 자유시장경제의 장점으로 다가선다. 스위스 독일어 중에는 Brünli, Hügli, Fräuli, Knäbli 등 유난히도 '축소형' 어휘들이 많다. 이와 연관하여 스위스가 가장 앞장세워 발전시킨 것이 정밀기계산업이다. 미니어처적 세밀함과 꼼꼼함이 그것을 가능케 하였다.

스위스 시계산업의 특징은 무엇보다도 견고함에 있다. 피아제, 파텍, 오메가, 롤렉스 등 고급 시계들은 요즈음 기계로 대량생산하는 나라에 숫자상으로 밀리는 듯하지만, 역시 스위스의 수제품의 견고성과 고품질화, 거기에 더욱 세련된 디자인과 멋으로 경쟁력을 높인다.

스위스 시계산업

반드시 시계만이 아니다. 구두, 비단제품, 각종 기계, 패션, 의상, 모직제품뿐만 아니라 과자, 초콜릿 등에 이르기까지 자기들이 만든 제품에 대한 확신과 책임의식은 그 무엇과 비교할 수 없다.

빨간색 바탕에 하얀 십자가와 방패가 그려져 있는 스위스의 주머니칼은 앙증스런 모습으로 많은 사람들의 찬탄을 자아낸다. 하나의 틈새로부터 펼쳐 나오는 새롭고 다양한 기능의 칼집은 '상품이 아니라 예술품을 만든다'는 상인정신의 산물이다. 1884년 칼 엘스너란 사람이 독일에서 수입하는 군용 칼을 보고 스스로 만들어 보겠다는 단순한 애국심으로 시작된 이 작업은 수많은 난관 끝에 큰 성공을 거두어 오늘날 그 브랜드 가치

장인기술을 배우는 학생들의 모습

만 1억 달러 이상이며, 세계 100여 개국으로 수출함으로써 매년 2,600만 개를 팔아 2억 달러의 매출을 올리고 있다. 성공에 대한 비전과 근면한 정신이 배어 있는 스위스 칼은 파일럿의 장비로, 여행자의 필수품으로, 위급한 상황에서 인명을 구하는 도구로, 젊은이의 패션으로 끊임없는 사랑을 받고 있다.

3) 관광

1816년 초가을 바이런 경을 매혹시킨 알프스의 순수한 춤과 노랫소리, 암벽 사이에서 자연의 신비를 감지하던 미국의 작가 마크 트웨인(Mark Twain)의 눈빛도 기억된다. 문득 알프호른과 요들송, 끝없는 설경…….

알프스의 천혜자원은 알프스 주민들에게 그냥 주어진

혜택이 아니었다. 높은 산길을 아슬아슬하게 지나가는 기차를 보노라면 알프스인의 강한 의지를 볼 수 있다. 그들은 어려운 지리적 조건들 앞에서도 결코 좌절하지 않았다. 문화상품으로서의 알프스 관광은 바로 그들의 피땀어린 결과였다.

히르쉬펠트(Christian Cay Lorenz Hirschfeld)는 1765년대 스위스 여행기에서 숙박업소의 탁월한 운영방침을 소개하고 있다. 1838년 체르마트에 펜션 시설이 마련된 이래, 구식 여관으로부터 초현대식 호텔에 이르기까지 크게 손질을 하여 관광대국으로 급성장할 수 있었다. 교통시설을 개선하는 한편, 국민 개개인의 품성을 계도하고 능력을 키웠다.

새로운 아이디어 창출을 위한 노력도 치열했다. 큰 도시보다 작은 마을들, 남들이 소홀히 하는 작은 일들에서 승부의 가능성을 찾으며 국토 전체를 '동화지대'로 가꾸어 나갔다. 그 한 예로 1130년 산골마을 칠리스(Zillis)에 세워진 아주 작은 로만 교회당은 실내 천장 나무판 위에 정교하게 그려진 온갖 성화들뿐이었지만, 그들은 소규모의 것을 더욱 아기자기하게 다듬는 것을 잊지 않았다. 스플뤼겐이란 곳에는 두 산비탈과 그 사이를 흐르는 시내가 있다. 사람들의 발길이 닿지 않는 자연 그대로가 자산이었다. 언젠가 작곡가 페터 차이코프스키가 이곳을 여행하면서 그런 신선함을 맛본 다보스도 그런 이유 때문에 오늘날 오히려 각종 국제행사 도시로 탈바꿈하게 된 것은 매우 흥미롭다.

4) 은행

경제의 번영탑이 된 서비스 산업. 취업인구의 약 13%가 상업, 은행업, 보험업에 종사하는 것도 스위스의 특색이다. 나라 발전의 일등공신이라 할 수 있는 금융산업을 튼튼하게 하는 국민 저축률은 국민소득의 15%나 될 정도로 높다. 스위스의 현대적이고도 활발한 은행제도는 가족같이 친밀한 공동체의식을 지닌 네트워크로 확장되었다. 1890년 물밀듯이 몰고 온 경제력 증강에 힘입어 곳곳에 금융기관이 설립되어 현재는 1907년 영업을 개시한 국립은행과 더불어 천 개에 가까운 은행지점들이 있다.

그러나 1934년 법제화된 스위스은행의 '눔머른콘토'라는 비밀계좌제도는 부정외국자본의 가장 안전한 피난처로 여겨지면서 도덕성의 부담을 안게 되었다. 마피아를 비롯한 범죄조직들의 검은 돈과 독재자 비밀예치금을 되찾으려는 외국으로부터의 요구가 이어졌다.

스위스 프랑은 국제적으로 가장 안정된 화폐로서 세계 경제지표의 기준이 된다. 1936년 평가절하를 단행한 이후 35년간 유지되던 프랑의 대외가치는 1971년 5월 9일 금이나 미국 달러에 대비 7.07% 평가절상되었을 뿐 큰 변동이 없다. 중소기업을 위한 특별 환금화폐제도도 마련되었다. 스위스은행이 지급보증을 하기 때문에 언제든지 스위스 프랑으로 바꿀 수 있으며, 오늘날 전체 소기업의 20%인 6만 개의 기업이 이를 활용하고 있다.

기간산업과 환경

1) 식품산업

스위스는 네슬레와 뫼벤피크를 앞세워 식품을 주종산업으로 성장시켜 세계시장을 석권하고 있다. 풍부한 알프스 우유에 기초하여 청결함과 정교함, 그리고 성실성을 최우선시하여 친환경적 제품 개발에 앞장섰기 때문이다.

네슬레는 1866년 스위스의 한 작은 마을에서 사업을 시작하여 초고속으로 성장했다. 몇 년 전 유엔이 평가한 다국적 기업 중 현지화 기업 1위의 자리를 차지하고 있는 이 회사는 현재 지구촌 곳곳에 5백 개에 가까운 공장을 갖고 있다. 22만 명의 종업원 중 97%가 현지인

이어서 총생산의 98%를 나라 밖에서 생산하고 있다. 매출액은 약 5백억 달러를 상회한다.

1901년 처음 생산을 시작한 스위스의 초콜릿은 최첨단 기술의 노하우를 가지고 세계에서 가장 맛이 있고 가장 잘 팔리는 제품이 되었다. 상업성과 예술성을 접목시킨 그들 특유의 판매전략이 성공을 거둔 탓이다. 최근의 어느 통계에 의하면 세계적으로 초콜릿 소비량이 가장 많은 나라는 스위스이다. 그 다음이 독일 · 오스트리아, 그러니까 모두가 알프스권의 나라들이다.

2) 농축산업

알프스의 대표적인 기간산업은 농업이다. 그러나 산업사회에 이르러 구조가 크게 변화되어 가고 있어서, 농업부문에 종사하는 인구가 약 7%로 줄었고 국민총생산고 중 차지하는 비중도 매우 적어졌다. 게다가 전체 소비의 절반 가량은 수입에 의존하고 있다. 1947년부터 정부는 농부의 경제적 지위를 높이기 위하여 농산물에 대한 가격을 보장하거나, 농산물 수입에 할당량을 정해 놓고 있다.

이러한 열악한 환경에도 불구하고 농업생산력은 아직

치즈 가공자 행렬

▶ 알프스의 소녀와 목장의 소들

▶ 치즈를 만들고 있는 농가

도 활발하다. 알프스 고지에서부터 쥐라 산맥에 이르는 산지 및 구릉이 대부분인 전체 국토의 10분의 1만이 경작이 가능하다. 땅은 비옥한 편이어서 삼림, 목초지, 과수원, 경지가 고르게 구비되어 있다. 저지에는 옥수수, 사탕무, 담배, 포도밭, 채소밭이 있다. 중부지역의 농업은 고도의 발전을 이루어 생산성이 높다. 주요작물은 밀, 보리, 감자, 사탕무, 사과, 포도 등이다. 대부분의 주에서 포도를 재배하고 중요한 수출품목인 포도주의 생산기반이 된다.

농업은 축산과 낙농, 삼림자원 등 전체적으로 다양화되어 부의 자산이 되고 있다. 알프스 지대의 5분의 2를 차지하는 목초지에서는 각각 100만 마리에 달하는 육우와 젖소를 키우며, 돼지 · 염소 · 양 · 말 · 당나귀 · 토끼 · 라마 · 타조 등도 기른다. 알프스의 동북부 광활한 목장과 목초지를 지닌 오스트리아와 독일도 유제품을 국내수요의 90% 이상 공급하고 수출도 한다.

전체 면적 중 19%가 농토, 26%가 녹지대인 오스트리아는 농업이 GNP의 4%를 차지한다. 1970년부터 오늘날에 이르기까지 농업 생산가치가 363억에서 740억 실링으로 급상승했다. 북쪽 알프스 전방지대, 도나우 강 양쪽, 그리고 동쪽 평야에 이르는 지역에 생산단지가 조성되어 있다. 밀과 보리 이외에도 사탕무, 옥수수, 감자, 호밀, 귀리 등을 재배한다. 오스트리아의 삼림은 4백만 헥타르로서 전체 면적의 47%이다. 그래서 목재산업은 오스트리아의 수출부문 중 5위를 차지하고 있다.

3) 화학공업

화학 및 의약품산업을 선도하는 바젤의 시바-가이기 회사는 라인 강변에 우뚝 선 공장굴뚝으로 인해 도시 미관을 해친다는 비난의 대상이 되기도 하지만 공업입국의 상징이 아닐 수 없다. 산업혁명 시절 교통의 이점을 안고 이곳에 가이기 사가 세워진 것은 1758년. 주로 직물 염료를 생산해 오다가 1930년부터는 유명한 살충제 DDT를 개발하였다. 시바 사는 가이기 사보다 백년이 지난 1859년부터 견직물 염색용 합성염료를 생산하기 시작하여, 의약품 · 화장품 · 플라스틱 · 합성수지 등으로 영역을 크게 확장해 나갔다. 두 회사는 1969년 생화학 및 의료 부분에 협력체계를 강화하다가 이듬해 10월 정식으로 합병하였다.

지금은 모기업과 60여 개국 이상에 140여 개의 자회사를 거느린 대기업으로 성장하였다. 그런데 국내 수요는 고작 2%에 그치는 전 세계를 대상으로 한 다국적 기업이다. 특히 주목할 만한 사실은 경쟁력 약화로 발전 가능성이 적은 부분은 수시로 매각하고 그 자산을 가지고 전문성을 강화시킨 점이다. 그리고 매출액 중 무려 10.4%가 연구개발비용으로 사용된다. 단기적 기회주의를 배격하고, 먼 장래를 내다보는 눈길로 중단 없는 혁신을 추구하고 있다.

4) 지하자원

알프스 지역은 고생대, 중생대, 신생대 등 모든 지질학상의 연대를 포함하고 있다. 가용지하자원으로 천연가스, 석유, 아연, 납, 철광석, 갈탄, 마그네사이트 외에 모래, 자갈, 석영모래, 흑연, 활석(滑石), 석고, 경석고, 점토(고령토), 텅스텐 등이 채취된다.

알프스 전방지대 부근은 석유 매장가능 지역이며, 빈과 엔스 강과 인 강을 사이에 둔 하부와 상부 오스트리아 지역은 천연가스도 매장되어 있다. 그러나 북부의 라인펠덴 근처에는 약간의 소금지대와 쥐라 산맥에는 철광과 망간 광산이 있다.

전기는 70%가 수력발전소에서, 나머지는 화력발전소

에서 얻어진다. 4분의 1 이상은 원자력으로도 생산된다. 풍부한 수자원은 오스트리아의 경우 에너지 산업, 섬유 공업 등을 발전시키는 원동력이 된다. 전력산업은 동서 유럽의 중추적 위치를 차지하여 개별출력 200kw 이상의 발전소가 약 1,300개소나 된다. 이탈리아는 마그네슘의 주원료인 마그네사이트의 전 세계 생산량 중 10분의 1 가량을 생산하고 있으며, 석유·천연가스·아탄·갈탄 등과 더불어 큰 역할을 담당하고 있다.

사회환경과 비전

1) 사회복지

알프스 나라들의 사회복지제도는 세계 정상급이다. 청결한 자연환경을 통한 요양소의 개발로 의료환경을 높은 수준에 올려놓았다. 그와 더불어 각종 보험과 사회보장이 잘 이루어져, 거의 모든 국민에게 혜택이 돌아간다. 보험제도 또한 세계 최고 수준이다. 취리히의 보험회사는 세계적인 체인망을 갖고 있을 정도로 규모도 크다. 상해와 질병에 대한 연방사회보험법, 노인연금과 의료보험 같은 복지정책, 노년·과부보험, 또한 실업보험법도 그 어느 나라보다 빨리 실시되었다.

사회안전과 복지를 위한 제반 조치는 완벽을 향해 발

전을 거듭하고 있다. 그것은 약 150년에 걸친 공장노동자의 투쟁의 결과 확보된 노동관계 및 노동법 상호 보호장치와 맞물려 사회발전의 한 징표로 나타난다. 노동시간은 1975년 40시간, 1986년 30~36시간 등 계속 발전해 왔으며, 영업감찰기관, 노동헌장, 이익대변, 노인, 직업상해, 질병, 영구불구, 임부, 사망 등에 대한 보호대책이 강화되고 있다.

2) 교육

인간은 자유롭게 태어났으니 “자연으로 돌아가라”를 외치던 장 자크 루소(Jean-Jacques Rousseau, 1712~1778)는 알프스 교육문화의 기점을 이룬다. 제네바에서 태어나 프랑스와 스위스에서 활약하면서 그는 『사회계약설』, 『인간역사재조명』, 『고백론』, 『인간 불평등 기원론』 등 빛나는 저술들을 냈다. 특히 교육소설 『에밀』을 통하여 모든 외부 조건과 강요에서 해방된 교육이론을 펼친 이후, 알프스는 인간복지를 위한 비전의 장소가 된다.

하인리히 페스탈로치(Heinrich Pestalozzi, 1746~1827)는 지식전수에 그치지 않고, 능력을 배우는 것으로서의 실용적인 교육이념을 현실화하였다. 그러기 위해서는 교육이 어린이 내면에 숨겨져 있는 힘을 이끌어 내는 데 손길이 닿아야 한다고 믿었다.

그는 우선 가난한 민중의 구제에 주력하였는데, 그 자신이 빈민이 되어 몸소 실천하였다. 다섯 살 때 아버지를 여읜 그가 학교를 졸업한 후에 농부가 되려고 매입해 둔 농가를 개방하고 가난한 어린이들을 위한 시설을 마련한 것이다. 1798년 프랑스군이 스위스를 점령함으로써 수많은 어린이들이 부모를 잃게 되자, 페스탈로치는 곧 스탄스의 한 수도원에 고아원을 세워 많은 어린이들을 수용하였다. 부르크도르프와 이베르동에도 새로운 시설을 개설하였다. 많은 사람들이 도움의 손길을 보냈다. 세계 각지에서 많은 사람들이 그의 교육이념을 배우기 위해 모여든다. 스위스의 토겐부르크에는 '페스탈로치 어린이 마을'도 있다. 그는 "모든 것이 남을 위해서였으며, 스스로를 위해서는 아무것도 하지 않았다"라는 묘비명과 함께 영원히 잠들어 있다.

알프스 국가에는 광범위한 교육의 혜택으로 사실상 문맹률이 없는 것으로 알려졌다. 스위스의 경우, 1848년 이전에 초등교육제도가 정비되었고, 1874년에 기본적 수업 연한에 대한 의무교육제도가 확립되었다. 지역 사정에 따

▶ 유치원 교육

▶ 하우프트슐레의 음악시간

라 제도가 다양하지만, 7~14세까지는 어디에서나 무상 의무교육이다. 초등학교는 연방의 지원을 받고, 중등교육은 장래의 직업연수나 고등교육을 위한 준비단계로서 전자는 실업계열의 중등학교 · 전문학교 · 직업교육과정, 후자는 각종 김나지움 · 실업학교 · 교사양성소 등 대학입학시험과 연관된다. 오스트리아는 1972년에 전반적인 학교제도의 보완을 이루었고, 의무교육은 9년간 시행된다.

대학은 독일어 지역의 바젤 · 베른 · 취리히, 프랑스어 지역의 제네바 · 로잔, 그리고 독일어 · 프랑스어를 함께 사용하는 대학 뉴샤텔 · 프리부르, 오스트리아의 빈 · 그라츠 · 인스브루크 · 잘츠부르크의 대학, 독일의 콘스탄츠 · 뮌헨 등과 각종 기술 및 음악대학 등이 있다.

고등교육의 분포도를 보면 전문대학이 90% 이상을 차지하고, 4년제 대학은 불과 10%이다. 원래 유럽 문화 속의 알프스 지역민은 큰 규모의 집단교육보다 전문성을 집중시키는 개인교육에 문을 활짝 열고 있다. 이것은 곧 흔히 말하는 도제교육으로서 기술습득과 직업교육에 대한 인식을 바탕으로 학력 위주의 사회를 탈피할 수 있는 근본 대책이 된다.

문학

1.

18세기 독일 경건주의의 대표 시인 클롭슈톡(H. G. Klopstock, 1724~1803)은 이성 중심이던 당시의 풍조를 부수고 소시민의 무기력함에 빠진 인간을 신과 자연의 위대함에 일치시켜 감격을 더하게 한다. 시인은 「취리히 제」란 송가의 첫머리를 이렇게 장식한다.

아름답도다, 자연의 품이여, 푸른 초원 위에 퍼진
세상 만물의 찬란함이여, 그대 창조의 위대한 뜻을
다시 한번 생각하고 기뻐하는
그 얼굴은 더욱 아름답도다

클롭슈톡

알프스 지역의 정기가 넘치는 산과 호수를 배를 타고 항해하며 체험한 자연은 위대함에 대한 찬양의 대상이다. 인간의 감정과 영혼을 정화시키기 위해 클롭슈톡은 스위스의 작가 보트머(J. G. Bodmer, 1786~1864)에 대한 우정, 즉 인간사랑을 창조주의 탁월한 능력에 대한 경탄으로 승화시킨다. 그 배경은 알프스다.

천혜자연은 순진하고, 자연스럽고, 미학적인 세계를 통하여 고귀한 인간의 참모습을 찾게 한다. 유럽의 중심부에서 다양한 민족과 언어가 한 울타리를 두르고 있는 영산 알프스는 활발한 문화현장이다.

중세 초기 문화의 자료들로부터 수도사 에케하르트(Ekkehart), 후에는 츠빙글리의 성서번역이 루터의 언어영향권과 갈등을 빚는 종교적 환경과 더불어, 수많은 '민네'(Minne) 서정시인들에게 궁중 기사생활보다 농가 및 시민생활에 관심을 갖게 하였다. 투르가우 출신의 하인리히 비텐바일러(Heinrich Wittenweiler)도 풍자적 · 교훈적 서사시 작품 『반지』를 통하여 그런 흐름을 이어나간다. 13세기 무리(칸톤 아르가우 소재)의 부활제 극은 독일어로 공연된 최초의 연극이다. 1511년 『빌헬름 텔』과 더불어 큰 관심을 끈 니콜라우스 마누엘의 종교개혁 드라마는 알프스 지역주민의 의식을 고취시키는 중요한 작품들이다.

알프스 문학의 특징은 문화 전면에 나타나지 못한 민중의 소리를 담고 있다는 점이다. 그래서 종교개혁과 더불어 새로운 활력을 얻은 로망슈 어문학이 비로소 확고한 자리를 차지하게 된다. 1560년 『신약성서』의 우수한 번역본이 나오기 시작하여, 1679년에는 J. A. 블피우스와 J. 도르타에 의해 성서 전체가 번역되었다. 그런 만큼 민속문학이 우선적으로 발전되고, 작가의 사명으로 민중을 향한 따사로운 눈길이 강조된다. 지역적 고립에 의한 낙후성을 이겨내게 하는 것이 선각자들의 몫이라 생각한 때문일까.

2.

알프스 지역의 문학은 매우 사실적이다. 스위스의 문화적 특성을 '극단적인 행위와 이데올로기에 대한 불신'이라 할 수 있다면, 살로몬 게쓰너(Salomon Gessner)에 의해 지적된 '문화적 고전주의'라는 표현도 그 테두리를 벗어나지 않는다. 격렬한 슈투름 운트 드랑(Sturm und Drang)이나 초기 낭만주의 문학에 이렇다 할 스위스 작가가 눈에 띄지 않는 것도 그와 무관하지 않으리라. 문학 속의 짙은 허구성을 특별히 좋아하지 않는 그들은 현대 독일어의 흐름에 뒤쳐지지 않으려고 노력하며, 이웃 문화권과의 활발한 교류를 한다. 츠빙글리와 칼뱅, 페스탈로치 등이 문학가로 숭앙되는 것도 바로 그런 까닭이다.

자연에 대한 새로운 의식을 고취시킨 루소의 영향 때문일까. 알프스 문화권의 작가들은 즐겨 산과 호수에 대한 사랑을 묘사한다. 자연과학에 깊은 지식을 지닌 아달베르트 슈티프터(Adalbert Stifter, 1805~1868)와 알브레히트 폰 할러(Albrecht von Haller, 1708~1777)가 대표적인 작가로 손꼽힌다. 1732년 출간되어 이미 작가의 생존시 11판이나 거듭된 할러의 철학적 교훈시집 『알프스』(*Die Alpen*)는 작가 자신이 1729년 스위스 산간 지역을 탐험한 후 자연과학적으로 쓴 작품이다.

시의 중심 테마는 알프스 풍경묘사이지만 도덕이 상실된 도시문명과 궁중문화가 산악 속의 소박하고 원천적인 삶과 대조된다. 물질적으로 넘치는 향유는 곧 멸망의 단초가 되고, 시기와 증오의 인간에게 가난과 겸손, 순수와 자족의 인간이 아름다운 알프스 풍경을 통하여 따뜻한 눈길로 이해되어 하나로 받아들여져야 할 것을 강조한다. 그것은 산속 빙하에서 이름 모를 들풀이나 수정체 얼음에 이르기까지 자세히 관찰함으로써 이루어진다.

할러가 자신의 사상적 대립을 표현하기 위해서 알프스를 선정한 것은 왜곡되지 않은 자연풍경과 변형되지 않은 인간의 이상적인 세계를 그리기 위함일 것이다. 체험과 탐험보고의 관점은 문명비판이며, 알프스는 곧 상실된 자연에 대한 그리움이다.

알프스를 인간의 온건하고 합리적인 의식세계로 파악하는 것은 괴테의 『파우스트』에도 지배적인 내용으로

이탈리아 깜파냐의 괴테(1786~1788년의 빌헬름 티쉬바인의 유화)

자리 잡고 있다. 그레트헨 비극에 절망하고 고뇌하는 마음은 오직 알프스의 자연으로 치유된다. 독일 황제의 궁정에서 그리스 전설의 미녀 헬레네를 보고 파우스트 자신이 매혹되어 인조인간의 안내로 전설 속의 그리스를 헤매다가 마침내 그녀와 결혼하기까지 죄의 무게에 눌려 잠든 파우스트가 다시 가벼운 마음으로 깨어나 대세계를 향해 새로운 출발을 하는 장소도 알프스의 초원이었다.

반면 조용한 사념 속의 비더마이어(Biedermeier) 문학도 큰 발전의 기틀을 마련한다. 여기에는 제네바 출신의 퇴퍼(Rodolphe Töpffer, 1799~1846)와 취리히 출신의 우스테리(Johann Martin Usteri, 1763~1827)가 속한다. 종교적 경건성을 소재로 작품을 쓴 예레미아스 코트헬프(Jeremias Gotthelf, 1797~1854)는 베른식 방언독일어를 통해 향토문학의 꽃을 피운다. 고트프리트 켈러(Gottfried Keller, 1819~1890)는 소설 『녹의의 하인리히』에서 주인공이 닫힌 공간을 벗어나 외계로 나가보지만 곧 환멸을 체험하고 돌아온다는 알프스 지역의 애틋한 삶을 주제로 삼고 있다. 그리고 관조적 서정시인 마이어(C. F. Meyer, 1825~1895)도 알프스에 대한 각별한 사랑으로 사실주의의 최고 번영기를 마련하는 데 큰 몫을 차지한다.

3.

요한나 슈피리

요한나 슈피리(Johanna Spyri)의 『알프스 소녀 하이디』(1880~1881)는 알프스의 대자연, 초원 위 양치는 목동, 시원한 바람, 하이디의 순수함을 작품의 주제로 내세워 신-자연-인간의 연쇄고리 안에서 우리에게 많은 교훈적 내용을 전하고 있다. 원작 『하이디의 수업과 편력시절』(1880), 『하이디는 배운 것을 유익하게 사용한다』(1881) 등 두 편을 요약한 작품이다.

사랑하는 딸을 전염병으로 잃고 한창 자신의 직업에 회의를 느끼고 있는 한 의사가 클라라 아버지의 부탁으로 마지못해 알프스에 온다. 그리고 밝고 귀여운 소녀 하이디를 만난다. 그 아이는 한 살 때 부모 잃고, 데테 아주머니 밑에서 자라서 다섯 살에 알프스 산중에 살고 있는 할아버지에게 맡겨졌다. 맑은 심성의 하이디는 늘 우울해 있는 의사의 곁에 있으면서 찬송가로 마음을 달래 준다. 의사는 마음의 치료를 받고 다시 프랑크푸르트로 돌아간다. 대자연 알프스가 베푸는 인자함이다.

이야기의 초점은 외아들을 잃고 알프스 산에 은둔해 있는 알름 할아버지에게 맞춰진다. 얼음처럼 차갑고 닫힌 마음 때문에 사람을 잘 사귀지 못하는 그는 염소를 먹이는 목동 페터, 개, 염소와 함께 살면서 마음 문을 열기 시작한다. 한편 하이디는 아주머니의 권유로 어느 날 프랑크푸르트 부잣집 딸 클라라의 놀이상대로 가게 된다. 둘은 곧 마음이 통하는 친구가 된다. 소아마비로 인해 걷기가 힘들어 성격이 어두운 클라라는 점점 밝은 성격의 아이로 변한다.

그러나 하이디는 대도시에 살면서 몸은 편하지만 마음은 차츰 병든다. 오염된 공기, 공장 풍경, 향수병, 인공적 환경, 갑자기 삭막해진 환경이 그를 숨막히게 한다. 신선한 치즈와 우유로 아침식사를 마치고 목초지에서 염소들로 하여금 풀을 뜯게 하고 그림 같은 파란 하늘을 바라보며 들판에 누워 있던 시절을 그리워한다. 그래서 몽유병에 걸린 하이디를 클라라의 아버지 제제만과 의사는 다시 알프스 산으로 돌려보낸다.

대자연의 품에 안긴 소녀는 산의 정기를 받아 다시 건강을 되찾는다. 클라라도 하이디와 페터의 도움으로 소아마비였던 자신의 두 다리를 고친다. "아름다운 알프스 참새들 놀러 오는/즐거운 마을에 아리따운 아이들 / 저 푸른 하늘 구름 속에도 / 푸른 마음 푸른 나무도 / 모두 알프스 하이디 정다운 친구 / 레이 레이 레이 호 / 레이 레이 호 / 렐렐렐렐 렐렐 호 / 레이 레이 레이 호 / 렐렐렐렐 호." 울려 퍼지는 노랫소리는 알프스 산정의 바람결을 타고 우리 가슴을 상쾌하게 한다.

알프스의 눈처럼 깨끗하고 따뜻한 품, 즉 어머니의 마음이야말로 진정 인간을 행복하게 할 수 있다. 자연 속에 인간의 마음이 하나가 될 때 비로소 인간과 자연의 완성이 이루어진다. 맑은 영혼의 어린이 하이디를 델프리 마을의 학교에 보내라는 목사에게 알름 할아버지는 이렇게 말한다.

> "그 아이는 산새와 꽃, 그리고 양들과 함께 놀며 곱게 자라고 있소. 자연에 묻혀 살면 나쁜 짓을 절대로 배우지 않게 된답니다."

4.

20세기 전반기에는 칼 슈피텔러(Carl Spitteler, 1845~1924)와 같은 작가가 등장하여 상실된 인간적 가치를 회복하기 위한 문제를 문학의 중심 모티브로 제시한다. 또한 문화사가 야콥(Jacob, 1818~1897)과 칼 야콥 부르크하르트(Carl Jacob Burckhardt, 1891~1974), 그리고 레이놀드

(G. de Reynold), 예술사가 뵐플린(H. Wölfflin), 문학비평가 리히너(M. Rychner) 등도 그 대열에 선다. 하인리히 페더러(Heinrich Federer, 1866~1928)와 농부 시인 알프레드 후겐베르거(Alfred Huggenberger, 1867~1960) 등은 보수주의 향토문학에 심혈을 기울인다.

더욱이 현대적 의미에 있어서 아르크스(Casar von Arx, 1895~1949)는 사실주의 기법에 따라 자유롭고 실험적인 형태의 드라마 작품을 내는 등 문학적인 큰 전환을 이룬다. 1921년 출판된 야콥 보쓰하르트(Jakob Bosshart, 1862~1924)의 소설 『광야에서 외치는 자』는 물질주의에 의해 균열된 인간의 세계를 심한 염세주의적인 관점에서 묘사한다. 1917년부터 다보스 부근 요양소에 머물던 개인적 체험이 동시대 스위스인의 아픔으로 제시된 것이다. 오스트리아의 슈텔츠함머(F. Stelzhamer), 로제거(P. Rosegger) 등도 알프스 지방의 서정성을 작품에 담고 있다.

자연과 인간을 신비적으로 관찰하고 비판하는 태도는 프랑스어 지역 출신의 라뮈(Charles Ferdinand Ramuz, 1878~1947)와 칸톤 쉬비츠 출신 잉글린(M. Inglin)을 통하여 더욱 다양해지고, 프랑스의 상징주의와 현대 심리학의 영향을 받은 쫄리너(A. Zolliner), 트롤리엣(G. Trolliet)의 활약에 힘입어 현대화된다.

인상주의적 섬세함도 가세되어, 로베르트 발저(Robert Walser, 1878~1956), 모니크 생텔리에(Monique Saint-Hélier, 1895~1955)가 이 방면에 선두주자로 손꼽히고, 실존주의도 큰 반향을 일으킨다. 막스 프리쉬(M. Frisch, 1911~1991)나 프리드리히 뒤렌마트(F. Dürrenmatt, 1921~1990)는 알프스를 정신적 무대로 삼아 세계의 이목을 집중시킨 스위스의 현대 극작가들이다. 그 밖에도 마담 드 스탈, 헤르만 헤세, 로베르트 무질, 그리고 다수의 로만어 작가들도 스위스의 토양에서 문학의 전통을 다양화시켰다.

그 중에서 특히 페터 빅셀(Peter Bichsel)은 신랄하고 풍자적인 산문 작품으로 문화계를 지배한다. 『사계』라는 작품으로 더욱 우리와 친근해진 그는 우리의 정신 안에 거미줄을 치고 있는 물량주의에 대해 저항을 시작한다. 또한 알프스인의 폐쇄성에도 비판적 제동을 건다. 오스트리아의 페터 투리니(Peter Turrini)는 티브이 시리즈 『알프스 전설』(*Alpensaga*)과 『노동자 전설』(*Arbeitersaga*)을 내놓으며, 실타래와 같이 엉킨 현실 속에서 아주 일상적인 간결함과 단순 미학으로 우리의 겉치레 의식구조를 부끄럽게 만든다.

알프스의 풍속문화 II

음악과 요들

알프스 지역의 음악가는 오스트리아 잘츠부르크 출신 아마데우스 볼프강 모차르트와 헤르베르트 폰 카라얀 및 독일 바이에른 주에 소재한 도시 바이로이트 출신의 리하르트 바그너가 있다. 또한 하이든, 베토벤, 슈트라우스, 쇤베르크 등이 빈에서 살면서 음악활동을 하였다. 빈 필하모닉 오케스트라는 구스타프 말러와 리하르트 슈트라우스와 카라얀이 지휘를 맡았고, 1498년 막시밀리안 1세에 의해서 창단된 빈 소년 합창단은 빈 음악의 역사적 증인이다.

바그너(Richard Wagner, 1812~1883)는 1849년 취리히로 망명하여 지내면서 「트리스탄과 이졸데」(Tristan und Isolde)

를 작곡하였으며 루체른에서는 「명인가수」(Meistersinger)와 「지그프리트」(Siegfried)를 탄생시켰다. 바그너가 「지그프리트」를 작곡한 트립션에 있는 별장은 현재 바그너 박물관으로 사용되고 있다. 그 외에도 요한 브람스(Johannes Brahms, 1833～1897)와 러시아 출신의 이골 스트라빈스키(Igor F. Stravinsky, 1882～1971)가 한때 스위스에서 지내며 작곡을 하였다. 현재 '오라토리움 스트라빈스키'에서는 재즈 페스티벌을 비롯한 여러 음악제가 열린다.

하지만 '알프스 음악' 하면 우리는 무엇보다 특이한 창법의 '요들'을 떠올린다.

1) 요들이란

요들(Jodel)은 중세기 이전부터 알프스 지방의 목동들에 의해 전해 내려오는 민중노래이다. 지금은 그 종류가 다양해졌지만 원래 알프스 지방의 독일어권 지역인 스위스, 오스트리아, 독일의 요들이 그것이다. 이 요들은 흔히 알파인 스타일 요들이라고 불린다.

요들의 창법은 육성(흉성)과 두성(가성)을 반복적으로 교차하면서 발성한다. 때문에 보통 음악에서 느낄 수 없는 신비로운 독특한 감정을 느낄 수 있다.

2) 요들의 기원

요들의 기원에 대하여는 여러 설이 있다.

스위스에서는 기원 전부터 목동들이 가축을 모으기 위해서 외치는 소리가 깊은 산악의 계곡으로 울려 퍼지면서 자연발생적으로 산악지방에 자리를 잡게 되었다. 또 험준한 산악지방의 마을과 마을을 잇는 통신과 신호 수단으로도 사용되었다.

알프스 동부의 오스트리아 티롤 지방(인스브루크)과 동북부에 있는 독일 바이에른(뮌헨)의 요들은 기원 후 기독교가 전파되면서 성인들의 축복을 비는 기도문과 산의 신비함에서 느끼는 인간의 겸허와 눈사태의 재앙을 물리치기 위한 주술적인 목적에서 나왔다.

3) 요들의 형태

스위스 요들

스위스 요들은 알파인 스타일의 요들을 대표한다. 요들이 정적이고 쓰이는 발성이 깊다. 스위스는 국가에서 요들을 보존하려고 노력하며 전통을 중시하기 때문에 지역적으로도 서로 다른 스타일의 요들이 불린다. 그래

알프스를 배경으로 알프호른을 연주하고 있는 스위스 요들 그룹

서 베른의 요들, 아펜첼의 요들, 중앙 스위스 요들, 상트 갈렌의 요들 등으로 나뉜다. 아펜첼 사람들은 베른의 요들을 부르지 않고 베른 사람들은 상트 갈렌의 요들을 부르지 않는다. 아펜첼 사람들은 요들 콘테스트를 즐긴다. 베른과 아펜첼 지역에서는 독창과 중창곡이 많이 불린다. 예를 들면 베른의 요들로는 '아름다운 베르네 산골', '후룸써 산의 노래' 등이 있으며, 아펜첼 요들로는 '즐거운 산', 중앙 스위스 요들로는 '목동의 노래',

'알프스 축제' 등이 있다. 스위스의 요들에서는 악기도 다른 지역에서 안 쓰이는 하크브레트(피아노의 전신-사다리꼴 모양의 치터), 탈러슈빙겐(홈이 파인 토기쟁반에 동전 굴리기), 카우벨(소방울), 알프호른 등이 많이 쓰인다. 둔중한 소리의 알프호른은 스위스의 상징이다. 신비스럽고 독특한 떨림의 요들송과 이를 받치는 깊고 느릿한 악기소리. 여기서도 대립적인 것의 조화라는 스위스적인 기질을 엿볼 수 있다. 천혜의 대자연과 가공의 정밀산업, 직접민주주의와 중립의 국제정치처럼 말이다.

독일과 오스트리아 요들

오스트리아의 요들은 전통을 중시하는 스위스의 요들에 비해 기교적이며 민요의 후렴에 많이 쓰인다. 예컨대 이곳의 요들은 장엄하고 신비로운 산을 연상시켜 주기보다는 대중에게 쉽게 받아들일 수 있는 형태의 노래이다. 때문에 외국에도 쉽게 보급될 수 있었다. 특히 오스트리아 티롤 지방의 성악가 칼 간저는 구전되어 오던 요들을 최초로 집대성하였고 악보로 옮기는 작업을 하였다. 따라서 오스트리아 티롤 지방은 요들의 세계화에 가장 큰 역할을 한 곳이다. 오늘날 세계적으로 유명한 요들은 대부분 이 지방의 요들이다. 우리나라에서도 오스트리아 요들이 가장 많이 불린다. 예를 들면 '아름다운 스위스 아가씨', '숲의 요들', '티롤이 눈앞에', '인스브루크 폴카' 등이다. 이곳의 요들에는 쓰이는 악기도 비교적 자유롭다. 흔히 치터와 관악기 및 기타 등이 쓰인다. 독일의 요들은 행진곡풍으로 바뀌어 흔히 웅파 밴드와 함께 연주된다. 이 지역에서는 '내 마음의 꽃', '바이에른의 처녀' 등이 많이 불린다.

4) 요들의 발성

요들의 발성법은 기본적으로 육성과 두성으로 나뉘어 그것을 교차하여 연습한다. 육성의 음과 두성의 음이 서로 교차하면서 꺾일 때가 바로 요들이 되는 것이다.

육성은 곧 흉성으로 가슴을 울려서 내는 소리이다. 먼저 배에 힘을 주고, 마치 산의 정상에서 "야호~ !"하고 외치듯이 우렁차게 소리를 뿜어낸다. 그러나 목에 힘을 주고 억지로 하는 것이 아니고 앞을 향한 채 소리를 입에서 위쪽으로 15도 정도 높이 뽑아준다는 느낌으로 한다.

두성은 가성으로 소리를 낸다기보다 소리를 울려 준다는 느낌으로 발성해야 한다. 성악의 활세토 창법도 넓은 의미의 두성이라고 할 수 있다. 고개는 약간 숙이고 머리는 울려 주는 느낌으로 입안을 울려서 소리를 낸다.

그러니까 육성은 배에 힘을 주고 가슴을 울려서 우렁차게 뿜어 주는 소리라면, 두성은 고개를 숙이고 입안을 울려서 울림을 극대화시키는 소리이다. 위의 두 소리를 급격히 교차하여 주면 훌륭한 요들이 된다. 요컨대 요들의 기본은 이 육성과 두성의 교차로 이루어지고, 그것이 조금씩 변형을 거쳐서 보다 고난도의 요들이 된다.

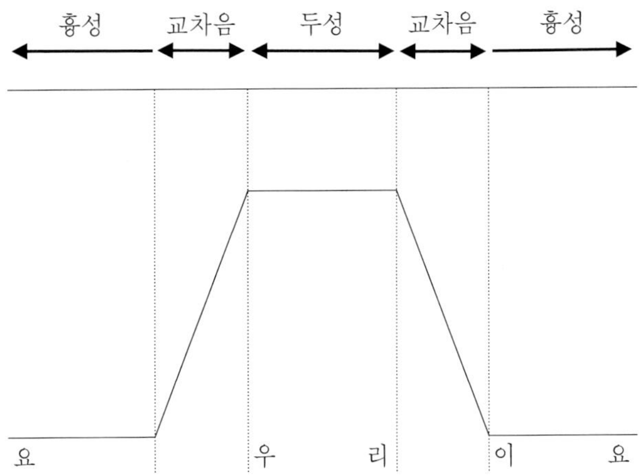

*** 연습의 순서**

① 꺾어 올리기 ➡ ② 꺾어 내리기 ➡ ③ 연결

5) 요들의 악보

아름다운 베르네 산골

여 Duet

밝고 예쁘게

목동의 노래 1

1～2절 : 여자
3～4절 : 남자

큰 목소리로 자신 있게

미술

1.

알프스의 중심지 스위스는 중세 초기와 카롤링 시대의 예술품들을 많이 보유하고 있다. 슈피에츠(Spietz)의 교회, 파이엥(Payerne)의 로마 시대 교회, 샤프하우젠의 만성절 교회, 쿠르에 있는 카테드랄과 바젤의 뮌스터, 로잔의 부르군트-고딕 카테드랄, 고딕 전성기에 유래한 쾨니히스펠덴(Königsfelden)의 교회와 유리채색화가 있는 반원형천장, 그리고 메네시스의 자필, 고딕 후기의 베른 뮌스터 등이 오늘날 스위스의 문화를 자랑스레 지키고 있다.

그러나 스위스라는 영역 속에 작품이 구별되기 시작

한 것은 자유도시와 시민문화가 배경을 이루고 있는 1500년대이다. 화가이자 조각가인 콘라드 비츠(Konrad Witz, 1400~1445경), 바젤을 중심으로 활동한 한스 홀바인(H. Holbein) 2세(1497~1543), 그리고 부르군트-밀라노 전쟁기의 니콜라우스 마누엘(Nikolaus Manuel, 1484~1530), 그라프(U. Graf), 로이(H. Leu) 등의 사진연대기, 그림, 소묘 등이 그에 속한다. 유리채색화는 르네상스 시대에 관심을 끌기 시작하여 바젤과 루체른, 루가노의 성 로렌쪼와 티시노에서 번창하였다. 프레스코(건물 정면벽화) 중 대표적인 것은 코메디 작가이자 화가인 토비아스 슈팀머(Tobias Stimmer, 1539~1584)가 그린 샤프하우젠의 '기사관'(Zum Ritter)이다. 바로크 건물들은 가톨릭이 우세한 주나 모스부르거(K. Moosbrugger, 1656~1723) 등과 같은 건축기술자에 의해 만들어졌다. 수도원교회 상트 갈렌과 아인지델른은 종교 순례지로서도 널리 알려져 있다. 티시노 출신의 건축가들은 로마 바로크의 전통을 계승하고 있다.

2.

작가이기도 했던 화가 살로몬 게쓰너(Salomon Gessner, 1730~1788)의 전원풍경 동판화로 대표되는 18세기 미술은 리오타르(J. E. Liotard), 그라프(A. Graff) 등과 슈투름 운트 드랑기의 화가 퓌쓸리(J. H. Füssli)가 중심을 이룬다. 19세기에는 고산풍경화가 디데이(F. Diday), 칼라메(A. Calame), 동물화가 콜러(R. Koller), 초상화와 풍경화의 대가 북서(F. Buchser), 슈타우퍼-베른(K. Stauffer-Bern) 등이 이름을 떨친다. 바젤에서 태어난 아르놀드 뵈클린(Arnold Böcklin, 1827～1901)과 유겐트슈틸의 영향권에서 표현주의적 예술감각이 살아 있는 베른 출신의 페르디난트 호들러(Ferdinand Hodler, 1853～1918)는 기존 벽화예술을 바탕으로 독보적인 예술영역을 개척한다.

건축가로서는 르 코르뷔지에(Le Corbusier : 본명은 샤를 에두아르 자느레, 1887～1965)와 1927년 바젤의 안토니우스 (Antonius) 교회를 세운 칼 모저(Karl Moser, 1860～1936)가 손꼽힌다. 르 코르뷔지에는 국제건축학교의 창설을 위한 주요 후원자로서 20세기 서양건축의 흐름을 바꾸어 놓은 사람으로 평가된다.

조각가로는 화가로 출발한 칼 부르크하르트(Carl Burckhardt, 1878～1923), 마이욜의 영향을 받아 육감적인 여인을 형상화하는 데 주력한 헤르만 할러(Hermann Haller, 1880～1950), 독일에서 활동하다가 귀국한 알렉산더 초케(Alexander Zschokke, 1894년 출생) 등이 손꼽힌다. 화가들로는 아미에(C. Amiet),

스위스 화가 F. 호들러(1853~1918)의 「실바플라나제」

오베르조느와(R. Auberjonois), 알트헤어(H. Altherr), 펠레그리니(A. H. Pellegrini), 에르니(E. Erni) 등이 있다. 특히 큐비즘과 초현실주의의 영향을 받아 인간 형상을 막대기 모양으로 격하시켜 표현한 조각예술가 알베르토 자코메티(A. Giacometti, 1901~1966)는 전통적 예술가 가문의 후예로, 환상적인 형체에 몽환적인 진전과정이 드러나 보이게 하는 현대적 화풍의 파울 클레(P. Klee, 1897~1940)는 스위스의 예술을 국제적인 대열에 높이 세운 사람이다. 자코메티의 많은 작품들은 취리히 미술관에 소장되어 있으며 그의 고향인 스템파에는 그의 기념관과 묘가 있다. 베른 미술관에는 클레의 작품과 함께 마누엘, 앙커, 호들러 및 19~20세기 프랑스 대가의 작품들이 진열되어 있다. 클레 개인 미술관은 2006년 완공될 예정이다.

3.

알프스의 동북부 바이에른의 뮌헨에는 세계적인 미술관 렌바흐 하우스, 알테 피나코텍과 노이에 피나코텍 및 주립 현대미술관이 있다.

렌바흐 하우스(Lenbach-Haus)는 19세기 뮌헨에서 '화가들의 왕자'로 불렸던 프란츠 폰 렌바흐가 살았던 곳으로 청기사(Blauer Reiter : 독일의 표현주의를 이끌었으며 사회

렌바흐 하우스 내부 전경들(위 · 아래 사진)

개혁을 목표로 하였다. 그룹의 중심인물은 칸딘스키이다.) 그룹의 작품만으로 이루어졌다는 점에서 세계적인 명성을 얻고 있다. 19~20세기 초의 뮌헨파 화가들의 작품뿐만 아니라 현대 미술품을 많이 보유하고 있다. 최근의 작품으로는 앤디 워홀, 요셉 보이스, 마우리치오 난누치의 작품과 울리히 호른다쉬의 천장 프레스코(1992)이다.

4.

피나코텍은 알테 피나코텍과 노이에 피나코텍으로 이루어져 있다.

알테 피나코텍은 알브레히트 5세를 위해 1826부터 1836년까지 10년에 걸쳐 레오 폰 클렌체에 의해 건축되었다. 막시밀리안 1세 때 뒤러와 엘스하이머 등의 독일 화가들과 네덜란드와 플랑드르 대가들, 이탈리아 작품이 수집되었다. 16세기 독일 르네상스의 대가 알브레히트 뒤러의 작품으로는 「네 명의 사도」, 「모피 상의를 걸친 자화상」, 「오스볼트 크렐의 초상화」 등이 있다. 10점으로 이루어진 렘브란트의 「그리스도 수난 연작」과 루벤스의 대표작 「레우키포스 딸들의 납치」, 레오나르도 다빈치의 「성모마리아와 예수」, 반 다이크의 「목욕중인 수잔나」 등이 진열되어 있다. 현재의 소장품은 비

알테 피나코텍(좌)과 노이에 피나코텍(우)

텔스바흐(Wittelsbach)가의 자손들이 기증한 것들이다.

노이에 피나코텍은 1841년 루드비히 1세가 레오 폰 클레체에게서 양도받은 100여 점의 작품이 기초가 되었다. 미술관 건립은 1846~1853년까지 아우구스트 폰 보이트(August von Voit)와 프리드리히 폰 게르트너(Friedrich von Gärtner)에 의해서 공동으로 건축되었으나 1947년 전쟁으로 파손되어 1975~1981년 알렉산더 폰 브란카(Alexander von Branca)에 의해 알테 피나코텍 맞은편에 그와 대비되는 현대식으로 건립되었다.

알테 피나코텍은 14~18세기 유럽 대가들의 회화를

소장하고 있는 반면에 노이에 피나코텍은 19세기의 유럽 회화와 조각 작품을 전시하고 있다. 그것은 마네, 모네, 세잔, 르노와르, 드가, 피사로 등의 프랑스 인상주의 화가들의 작품과 고호와 고갱의 작품, 막스 베크만의 그림들이다. 두 미술관 사이의 조각 정원에는 핸리 무어를 비롯한 현대 조각 작품들이 배치되어 있다.

5.

또한 뮌헨에는 20세기의 미술을 전시하고 있는 주립 현대미술관이 있다. 이 미술관에서는 현대미술의 전반적인 흐름을 한눈에 볼 수 있다. 야수파와 입체파, 독일 표현주의와 초현실주의로 대표되는 1945년 이전의 작품들과 1945년 이후의 미국회화와 유럽회화, 1960년 이후의 독일 회화와 최근의 국제적인 현대회화 등. 그러니까 노이에 피나코텍에 전시된 근대회화 이후의 맥을 잇고 있는 대표적인 현대미술관이다.

스포츠와 레저 활동

알프스 지역의 사람들이 많이 하는 레저 활동에는 스키와 등산, 패러글라이딩과 행글라이딩, 수상 스포츠 등이 있다.

1) 스키

1.

스위스는 스포츠와 레저 분야에서 특혜를 받은 나라이다. 스위스에서는 어디서나 한 시간만 차를 타고 나가면 스키를 탈 수 있는 계곡과 멋진 자연을 만날 수 있다. 따라서 스위스 사람들은 나면서부터 스키와 함께

1910년의 스키 활주 광고

자란다. 알프스와 쥐라 산맥에 걸쳐 수많은 스키 리조트가 있으며, 체르마트와 베르비어에서 특히 멋진 슬로프와 경관을 즐길 수 있다. 때문에 스위스는 스키 관광객으로 대단한 수입을 올리고 있다.

그 중에서도 생모리츠는 알프스 최고의 산악 휴양지이다. 특히 체르마트행 빙하특급, 이탈리아 티라노행 베르니나 급행열차, 오스트리아행 앵가딘 급행열차가 있어서 수많은 스키어들이 찾아든다. 이곳에서 1928년과 1948년 두 차례에 걸쳐 동계올림픽이 개최되었다. 도시의 인구는 약 6천 명이며, 독일어와 레토로만어를 주로 사용한다. 호수와 숲들과 독특한 정취의 집들이 어울려 알프스 특유의 멋과 정취를 느낄 수 있는 곳이며 주변 마을들도 발달되어 있다.

2.

오스트리아에서도 스키는 온 국민이 사랑하는 겨울 스포츠이다. 오스트리아에서는 동계올림픽 출전 티켓을 따내는 것이 올림픽 메달을 따는 것보다 어렵다. 심지

샹모리츠 위치도
4
독 일
오스트리아
프랑스
스위스
이 탈 리 아
슬로베니아
아드리아 해
지중해
쥬그스피체
인스브루크
취리히
뮌히
아이거
핀스터라르호른
융프라우
베른
그린델발트
샹모리츠
피츠베르니나
베르니나 산군
그로스글루크너
티롤지방
크란지스카고라
트리글라브
오르틀
돌로미테 산군
마르몰라다
볼차노
체르마트
마터호른
몬테로자
펜닌 알프스
샤모니
몽블랑 산군
몽블랑
그랑파라디소
그라리안 알프스
밀라노
베로나
엑크랑
도피네 산군
샹모리츠 위치도

빙하스키를 즐기는 스키어들

어 오스트리아 스키 선수들은 동계올림픽 참가를 위해서 국적을 바꾸기까지 한다는 얘기가 있을 정도니 말이다. 스키대회 성적을 발표하면 10위권 안에 으레 오스트리아 선수가 여러 명 들어 있다. 회전경기 세계기록을 갱신하거나 아주 위험한 점프를 하는 선수들은 흔히 오스트리아 티롤 출신들이다. 티롤의 중심지인 인스브루크에서는 1964년과 1976년 동계올림픽이 열렸다.

약 12만 명의 주민을 가진 인스브루크(Innsbruck)는 알프스로 막힌 유럽의 도시들을 이어주는 십자로상의 교통요지로서 남으로 샤를리제, 북으로는 노르트케테 산맥(알프스 산맥의 줄기)을 병풍으로 삼고 있다. 시내를 관통하는 인(Inn) 강이 노르트케테의 봉우리를 바라보고 있다. 인스브루크란 '인(Inn)에 걸린 다리'라는 뜻이다. 해발 574m 고지대에 위치한 도시는 가파른 비탈길이 많아 활강과 회전과 대회전에 가장 적합한 스키장이다.

3.

프랑스 알프스 지역에는 수십 개의 스키장이 있다. 발 디제르, 티뉴, 쿠르슈벨, 베리벨, 레 세지는 1992년 동계올림픽이 열렸던 곳이며 샤모니 몽블랑은 100년 이상의 스키 역사를 자랑하는 곳이다.

멀리 알프스 산맥에 둘러싸인 인스브루크 전경

인스브루크의 마리아 테레지아 거리

샤모니 몽블랑은 해발 4,807m에 이르는 유럽에서 가장 높은 몽블랑을 접하고 있는 도시로서, 여름에는 등산·산악자전거·행글라이딩 등 각종 산악 스포츠를 즐길 수 있고, 겨울에는 골짜기마다 다양한 슬로프가 설치되어 기호에 따라 스키를 즐길 수 있는 곳이다.

2) 등산

등산은 산책을 좋아하는 독일 사람이나 독일계 스위스 사람, 오스트리아 사람이 주로 즐기는 스포츠이다. 알프스 지역에는 등산로가 잘 닦여 있다. 아이거, 묀히, 융프라우를 비롯해 하늘 높이 솟아 오른 청백의 고봉들, 그 사이사이에 펼쳐지는 초록 목초지와 그 위에 한가롭게 풀을 뜯는 소떼와 양떼들의 방울소리를 들으면서, 또 아름다운 호반을 내려다보며 등산로를 오르내리다 보면 지상의 낙원에 있는 듯한 착각이 든다.

1.

알프스의 고봉은 1700년대 이전까지는 용과 악마들의 주거지로 여겨졌다. 예컨대 수세기 동안 루체른 시의회는 필라투스(Pilatus) 산을 악령의 본거지로 여겨 법령으로 오르지 못하게 금지시켰으며, 샤모니 몽블랑에서는 1680년에 빙하들의 초자연적인 위력을 몰아내기 위해 안시(Annecy)의 주교를 샤모니 몽블랑에 초대하기도 했다. 이러한 전설과 자연적인 위협들이 알프스의 등반을 방해하였다.

그러다가 1700년대에 이르러서 지리학자와 식물학자들이 고지대로 시선을 돌리기 시작하였다. 1786년 스위스의 정치가이자 과학자인 소쉬르의 주선으로 프랑스인 미셜-가브리엘 파카르와 자크 발마가 1786년의 몽블랑(유럽의 최고봉) 등정을 시도함으로써 등산의 개척 시대를 열었다. 등반 초기에는 스위스의 자연과학자들이 알프스 등정에 나섰다. 하지만 등산과 스키를 스포츠로 대중화시킨 사람은 영국인들이었다. 1854년 윌리스가 베터호른을 등정한 이후, 1857년에는 영국에서 세계 최초의 산악회 '알파인 클럽'이 창립되었다. 이 산악회는 세계 등산계에서 선구적 역할을 하였다. 1862년에는 '오스트리아 알프스 산악협회'가, 1863년에는 '스위스 알프스 산악 클럽'

체르마트에 모인 알프스 산악 클럽(1864)

이 창단되었다. 이어서 1869년에는 '독일 알프스 산악협회'가 창립됨으로써 알프스 등반의 황금시대를 열었다. 1865년에 에드워드 윔퍼는 마터호른을 정복하였으며, 1922년에 아놀드 런은 뮤렌(Murren)에서 스키 회전 활강 경기를 개최하였다. 이후 알프스는 히말라야 산맥이나 안데스 산맥과 같은 고산 등정의 훈련장이 되고 있다. 프랑스·스위스·오스트리아는 등산 지도자 양성에 노력을 기울이고 있으며, 샤모니 몽블랑에는 프랑스 국립등산스키학교가 있다.

알프스 빙하 등반 피켈(1872)

2.

베르너 알프스의 고봉을 목표로 하는 산악인들이 즐겨 찾는 등산기지 중 한 곳은 인구 약 4,000명의 산간 마을 그린델발트이다. 그린델발트(Grindelwald)는 우거진 숲이 외부와 차단하고 있다는 뜻에서 붙여진 이름이다.

아이거 북벽 서편 해발 1,034m의 드넓은 산간 계곡에 위치해 있는 이 마을은 지금은 알프스 최고의 산간 휴양

◀ 그린델발트 ▼

마을의 면모를 갖추고 있는 국제적인 관광도시가 되었다. 동서 16km에 걸친 뤼첸 계곡의 가장 끝부분에 위치해 있으며, 이웃한 라우터부룬넨과 함께 이 지역 등산의 중심지이다. 봄에는 푸른 초원이 펼쳐지고 여름에는 고산식물이 자라고 가을에는 환상적인 단풍이 들고 겨울에는 흰 눈이 덮인 아름다운 설경을 가진 이곳은 사계절 내내 하이킹하기에 적합하다. 16년이란 긴 공사기간 끝에 1912년 융프라우요흐(융프라우 정상)까지 산악철로가 개통되면서 일약 세계적인 관광지가 되었다.

인터라켄과는 20km, 취리히와는 195km 거리에 있다.

예전에 주민들이 주로 목축업에 종사했던 것과는 달리 지금은 목축업에 종사하는 사람은 10%에 불과하고, 65%가 숙박업, 상업 및 운수업에 종사하고, 25%가 건설업과 공업에 종사하고 있다. 그럼에도 이곳의 주민들은 그들의 땅을 그대로 보존하고 있다. 1404년 인터라켄의 가톨릭 본당에서 그린델발트의 푸른 목초지에 수도원을 세우려고 했다. 이때 이곳 주민들은 이에 결사적으로 반대하였다. 주민들은 교회 측을 설득하여 일종의 불가침협약을 맺고 오늘날까지 이 땅을 지켜 오고 있다. 최근의 협약은 1923년에 체결된 것으로 지금도 유효하다.

고향과 땅을 지키기 위한 주민들의 노력은 생태계가 파괴되고 지구가 죽어가는 오늘날 시사하는 바가 크다.

3.

인터라켄(Interacken)은 베른과 루체른 사이에 위치한 도시로 툰 호와 브리엔츠 호가 양옆에 있는 아름다운 고장이다. 인터라켄이라는 이름도 '호수 사이'라는 뜻이다. 작곡가인 멘델스존은 '믿어지지 않을 만큼 아름다운 나라에서도 가장 아름다운 곳'이라고 극찬을 했으며 브람스는 한때 여름(1886~1889)을 툰에서 머물면서 니센

산을 자주 등산하였다. 인터라켄은 일찍이 12세기 초 아우구스트파의 수도원이 세워진 종교의 중심지였다. 그러나 16세기의 종교개혁으로 수도원이 없어지고 차차 시민의 휴양지로 그 면모를 바꾸기 시작했다. 알프스의 가장 유명한 산인 융프라우(Jungfrau), 묀히(Mönch), 아이거(Eiger)로 올라가는 길목이기 때문에 많은 등산객이 거쳐 간다. 19세기에 들어서서 그린델발트로 오르는 도로가 개설됨으로써 더욱 많은 등산객이 찾고 있다.

3) 스위스의 문화산책로

스위스에 새로 생긴 문화산책로는 레만호부터 스위스의 동쪽 무스테어까지 뻗은 약 600km의 코스이다. 10개의 칸톤을 지나면서 프랑스, 독일, 이탈리아, 오스트리아의 문화와 풍습을 체험하고 감동적인 풍광도 즐길 수 있다.

4) 패러글라이딩과 행글라이딩

알프스는 산악의 고저 차이와 최고의 기류 때문에 패러글라이딩이나 행글라이딩을 하기에 가장 적합하다.

그린덴발트의 행글라이딩

특히 그린델발트, 샹모리츠, 엥겔베르그 등에서 최상의 산악 리조트를 즐길 수 있다. 케이블카나 등산철도로 산에 올라가 계곡을 향해 천천히 하강하며 공중에서의 여유 있는 시간을 체험해 볼 수 있는 곳들이다. 스위스에는 100여 곳 이상에 패러글라이딩과 행글라이딩 학교가 있다.

5) 수상 스포츠

윈드서핑을 즐기는 알프스 지역의 호수

인 강, 라인 강, 론 강, 진메 강, 자네 강, 류추네 강 등에서는 래프팅과 카누를 즐길 수 있다. 또한 호수가 있는 지역에서는 상쾌한 바람을 맞으며 윈드서핑이나 요트세일링을 즐기는 사람도 많다.

축제와 풍습

축제는 잠시나마 일상의 틀을 벗어나 생의 기쁨과 활력을 되찾게 해준다. 축제는 일반 여가와 달리 지역 공동체가 집단으로 참여하여 함께 즐거움을 나눈다. 때문에 그 지역의 특성이 담겨 있으며 화합과 결속을 다지는 계기가 된다.

알프스 지역의 축제는 유럽 내의 다른 나라에서와 마찬가지로 종교적인 행사와 연관이 있다. 사순절 전의 카니발, 부활절 전의 성금요일, 부활절 후의 성 월요일, 예수 승천일, 성령강림일, 그리고 성탄절 등이 그것이다. 또한 12월 31일부터 새해 1월 1~2일도 휴일로 지낸다. 새해맞이 축제는 폭죽을 터뜨리고 샴페인을 마셔대며 새벽까지 계속되기 때문에 흔히 1월 2일까지 쉬는 지역이 많다.

1) 바젤 축제(Basler Fasnacht)

바젤은 스위스에서 가장 아름다운 도시 중의 하나로 대도시는 아니지만 국제도시의 역할을 한다. 그 이유는 유럽의 중심에 위치하며 독일과 프랑스의 국경과 접하고 있기 때문이다.

본래 카니발은 중세 이전의 농경사회의 풍습에서 기원한다. 겨울이 끝나고 봄으로 넘어가는 시기에, 혹독한 겨울을 빨리 몰아내고 자연의 소생과 수확을 염원하는 기독교 이전의 이교도의 풍습에서 유래했다. 하지만 기독교문화, 특히 가톨릭 문화권에서 카니발은 사순절 금욕기간 전에 실컷 술과 고기를 먹고 즐기려는 뜻에서 시작되었다. 사순절은 부활절을 경건하게 준비하는 시기로서 부활 전 40일간을 말한다. 이 카니발은 독일어권에서는 파스트나흐트(Fastnacht)라 부른다. 종교개혁이 일어나고 1529년 바젤에 정착한 개혁교회는 구교의 영향이 남은 카니발을 공식적으로 금했지만

파스트나흐트 축제 행렬

시민들이 뿌리 깊은 카니발의 전통을 이어가자 바젤 시의회는 시민들의 의견을 받아들여 바젤은 'fastnacht'에서 가운데의 't'자를 빼고 파스나흐트라 했다. 또 가톨릭의 풍습과 구분 짓기 위해서 파스나흐트를 일주일 후로 연기했다. 즉 모든 카니발은 사순절이 시작하는 재의 수요일(가톨릭교회가 재의 축성을 하고 재를 이마에 바르는 예식을 하는 날) 이전인 화요일에 끝난다. 그러나 바젤은 재의 수요일이 있는 다음주 월요일 새벽 4시에 시작하여 목요일 새벽 4시에 끝난다. 바젤 파스나흐트는 현재 지상에서 시행되고 있는 유일한 프로테스탄트 카니발이다.

바젤 카니발은 월요일 새벽 4시 대성당 뮌스터와 마르틴교회와 시청의 종이 울리면 "모르겐슈트하이히, 앞으로!"라는 환호성과 함께 시작된다. 이때는 도심 전체가 완전히 소등되며 행렬의 등불만이 어두운 거리를 비춘다. 등불에는 각종 익살 혹은 풍자적 그림이나 글이 적혀 있다. 이후 같은 날 오후 1시경 거대한 행렬이 시작되고, 화요일에는 어린이들의 행렬이 있고, 수요일에는 막을 내리는 행렬이 있다.

각 등불들은 첫날 새벽 행렬 이후 뮌스터 광장의 성당 앞에 축제 기간 동안 진열된다. 특히 바젤 카니발에서 중요한 요소는 4~10명 정도의 소그룹 가면 연주단이다.

바젤 축제 행렬

공식적인 행렬 시작 전이나 후, 혹은 저녁 무렵 이들이 라인 강변의 옛 시가지를 피리와 북을 연주하면서 쏘다니는데, 다른 곳에서는 볼 수 없는 고유한 장면이다. 라인 강변의 게르만 냄새가 물씬 나는 축제이다.

바젤은 교통의 요지이다. 자전거로 프랑스, 독일, 스위스 간의 통근이 가능할 정도이고 라인 강 수로를 이용하여 네덜란드의 로테르담까지 배를 타고 갈 수 있다. 현재도 프랑스의 뮬루즈(Mulhouse)와 독일의 프라이부르크(Freiburg)와 바젤이 공동으로 국제공항을 사용하고 있다. 또한 수많은 국제회의가 열리는 이유로 숙박비가 비싸다. 각국의 사람들이 드나드는 도시인만큼 바젤 사람들은 일반 스위스 사람들과는 달리 매우 개방적인 성향을 가지고 있다. 이곳은 또한 괴짜 조각가 팅겔리의 박물관과 분수로 유명한 도시이다.

2) 취리히의 젝세로이텐 축제(Sechseläuten : 봄맞이 축제)

젝세로이텐 축제는 14세기 취리히의 길드들이 봄 축제를 '젝세로이텐'이라고 부르는 데서 유래했다. 젝세로이텐은 낮과 밤의 길이가 같아지는 춘분 이후부터는 하루 일의 마침을 알리는 그로스뮌스터의 종이 저녁 6시(sechs)에 울린다(läuten)는 의미이다.

1892년부터 길드들이 모여 구성한 취리히 길드중앙협회가 축제를 운영하고 있다. 젝세로이텐 축제는 갖가지 행사들로 구성되어 있다. 금요일부터 공식적으로 행사가 시작되지만 행사의 중점은 행렬에 있다. 따라서 진정한 젝세로이텐은 일요일 오후에 개최되는 어린이 행렬로 시작한다고 볼 수 있다. 다양한 복장을 한 2천여 명의 어린이 행렬은 오후 2시 30분에 시작된다. 행렬의 선두에는 '뵈그'라 불리는 솜으로 만든 커다란 눈사람이 선다. 이는 겨울 노파를 상징한다. 어린이들은 취리히 중심가를 행진한다. 어린이들의 행진이 끝나면 뵈그는 취리히 호숫가의 번화가인 벨레뷰 광장에 있는 넓은 잔디에 마련된 '젝세로이텐 플라츠'에 옮겨진다.

다음날인 월요일 오후에는 25개의 길드 회원들이 각 조합의 특색을 나타내는 의상을 입고 갖가지 색깔의 깃발로 장식되어 있는 시내를 행진한다. 이 행렬이 젝세로이텐 축제의 하이라이트이다. 약 3500명의 길드 회원의 자신의 길드를 상징하는 전통이상이나 유니폼을 입고 행진한다. 이때 약 350마리의 말과 50대의 마차가 동원되고 30개의 악대가 동반된다. 행렬의 최종 목적지는 '젝세로이텐 플라츠'이다. 광장에는 겨울의 상징인 '뵈그'가 기다리고 있다.

취리히의 가장 큰 성당인 '그로스 뮌스터'의 종이 정각 6시를 알리면 사람들은 높이 3.4m, 무게 100Kg인 '뵈그'를 올려놓은 약 13m 높이의 짚단에 불을 붙이고 말

젝세로이텐 축제 때의 불꽃놀이

을 탄 길드 회원들은 전통적인 사냥 노래인 젝세로이텐 행진곡에 맞춰 그 주위를 돈다. '뵈그' 안에는 1.84Kg의 화약이 장착되어 있어 불이 붙으면 요란한 폭음을 내며 터진다. 사람들은 '뵈그'가 빨리 탈수록 그만큼 따뜻한 봄이 더 일찍 찾아온다고 믿는다. 젝세로이텐 축제일은 취리히의 공식적인 공휴일로 지정되어 있으며 유럽에서 봄을 환영하는 가장 크고 화려한 축제이다.

하지만 최근 지구의 온난화로 강설량이 줄어들고 있으며 뵈그 화형식 때에 발생하는 미세먼지로 인하여 이 축제를 계속 유지할 것인지에 대한 논의가 진행 중이다.

3) 취리히의 춤 축제

취리히는 매년 8월 첫 주 토요일과 일요일에 춤 축제를 개최한다. 이 축제 기간에는 갖가지 색의 분장과 독특한 의상을 입은 수많은 젊은이들이 토요일 오전에 취리히에 모여든다. 이들의 특이한 옷차림과 분장이 볼거리이다. 각지에서 모여든 젊은이들은 중앙역에서 춤을 추며 취리히 호수가로 흩어져 간다. 가만히 서 있는 사람이 없이 모두가 흔들어댄다. 마치 도시 자체가 하나의 무도회장이다. 또 하나의 흥미로운 일은 많은 사람들이 물총을 가지고 다니며 행인들을 향해 쏜다. 물총 세례를 받아도 그냥 웃어넘긴다.

4) 질베스터 클라우젠(Silvester Klausen: 섣달 그믐날)

질베스터 클라우젠은 스위스 알프스의 최북단 아펜첼 지방에 속해 있는 작은 농촌마을 우르내슈에서 펼치는 겨울 민속놀이이다. 이 축제는 12월 31일과 1월 13일 두 번 치르는데, 그 이유는 몇 개신교 지역이 교황 그레고르 13세의 새 역법을 따르지 않고 율리우스력을 택하였기 때문이다. 율리우스력에 따르면 1월 13일이 새해 전날이 된다. 따라서 두 개의 역법이 동시에 쓰였고 질베스터 클라우젠 행사를 두 번 치르게 되었다.

이 축제는 지역산업에서 기인한다. 우르내슈 경제는 스위스 동부의 섬유산업에 크게 의존했는데, 이 섬유산업이 쇠락하자 빈곤층이 급격히 증가했다. 이 빈곤층이 기근을 해결하기 위해서 다양한 가면과 의상으로 변장을 하고 구걸을 했는데, 이때에 이들은 베푸는 사람들을 위하여 새해의 풍요와 다산을 빌었다. 가면과 의상으로 변장한 사람들이 클라우스라 불렸으며 이들은 모두 남사로 이루어졌다.

클라우스는 세 종류가 있다. 미(美)의 클라우스, 추(醜)의 클라우스, 그리고 자연(自然)의 클라우스이다.

미의 클라우스는 아름다운 여인으로 분장한 2명을 포함한 6명이며, 추의 클라우스는 6명이 모두 험악한 인상으로 분장한다. 자연의 클라우스는 미와 추를 절충한 형태로 자연에서 얻은 소재로 만든 가면을 쓰고 옷을 입는다. 클라우스의 복장들은 지속적으로 변형되면서 발전되어 왔는데, 이는 전통축제를 유지하면서도 현대인의 감각에 맞게 재창조하고자 하는 정신의 표출이라 할 수 있다.

궁핍에서 기원한 이 축제는 빈곤층이 사라진 현재는 공동체 구성원 간의 유대감과 지역의 정체성을 확고히 하는 역할을 하고 있다.

5) 스위스 민족 엑스포

스위스의 민족 엑스포는 1964년 시작되었다. 제네바, 취리히, 빌, 뮤르텐, 뉴사텔, 이베르동-레-뱅 등 4개의 아름다운 호반 도시에서 매년 5월부터 10월까지 열린다. 매년 약 천만 명이 엑스포 행사준비에 종사하고 있으며, 세계 각지에서 약 5백만 명이 모여든다.

스위스 엑스포는 과거를 재조명하고 미래를 전망하며 5개월 동안 다채로운 행사들로 스위스 민족의 저력과 특성을 보여준다. 각 지역의 독특한 산업과 고유문화를 선보이고, 토속음식들이 전시된다. 다양한 언어를 사용하고 다양한 문화가 발전해 있지만 민족 간의 단결력과 문화의 풍요로움을 바탕으로 미래를 향해 나아가고 있음을 보여주는 자리이며, 스위스의 경제 · 산업 · 문화의 발전모습을 한눈에 감상하는 자리이다.

6) 스위스의 사격축제

1291년 8월 1일은 스위스의 모체인 우리, 슈비츠, 운터발덴 3개 주의 대표가 루체른 호수가 내려다보이는 루틀리(Rutli) 들판에서 신의를 다지며 동맹을 맺은 날이다. 이 역사적인 날을 기념하기 위해 이 들판에서 사격대회를 시작하였다. 하지만 이 축제는 8월 1일이 아니라 11월 11일 이전 수요일에 열린다. 행사는 스위스 전 지역에서 모인 참가자들이 15발의 사격으로 58개의 타깃을 맞추는 것으로 시작한다. 이어서 축제연설과 애국가 제창이 있고 사격의 결과가 발표된다. 악단의 연주가 함께한다.

사격축제는 시간이 흐르면서 시민들을 최대로 소집하는 상징적인 연방축제로 발전하였다. 여기에 참가하는 사람들은 자기의 소임을 나라에 바치는 제식을 통하여 진정한 스위스인이자 시민이 된다.

연방 사격제의 경우 깃발 제식, 사격과정, 시상제도, 축제연설, 축제행렬 등의 단체행사 이외에는 모든 사람들이 사회적 의무감에서 해방, 완전히 개인으로 돌아간다. 더 커다란 단결을 위해 개인을 인식하는 것이며, 국가의식을 공고히 하는 토대가 된다. 그러나 시민들은 행사가 원래의 정신은 퇴색되고 커다란 축제로 변모해 가고 있다고 안타까워한다.

7) 뮌헨의 옥토버페스트(Oktoberfest)

매년 9월 말부터 10월 초까지 약 2주간에 걸친 세계 제1의 맥주 축제로 가을 추수에 감사한다.

이 축제는 1810년 바이에른 왕국의 황태자 루드비히(루드비히 1세 왕이 됨)와 작센-힐트부르크하우젠의 테레제 공주와의 결혼을 축하하기 위한 경마대회가 기원이 되었다. 당시 국민축제의 형식을 띤 왕실의 결혼식에 뮌헨 시민들이 초대되었는데, 그 이유는 1810년 독일의 공국들이 영토를 확장하고 행정당국을 개편하는 등 혼란스런 시기였기 때문이다. 따라서 바이에른 왕국도 왕실에 대한 충성심을 함양하고 시민들의 화합과 사기 진작이 필요했었다.

1811년에는 경마대회와 함께 농업축제가 더해졌다. 농업축제는 농업이 주산업이었던 바이에른 주의 농업 수준을 높이기 위한 것이었다. 현재 농업축제는 4년을 주기로 열리고 있으며, 경마대회는 기업형 맥주텐트가 설치되고 인파가 몰리면서 행사조직상의 어려움으로 1938년 이후 중단되었다.

맥주 주점의 설치는 이 공주의 이름을 딴 '테레지아비제(초원)'에서 1850년부터 시작되었다. 오늘날은 126만 평의 면적에 14개의 대형 텐트와 16개의 중소형 텐트가 설치된다. 대형 텐트는 사실 하나의 커다란 건축물로 약 8,000명 내지 10,000명을 수용한다. 이 대형 텐트 안에서는 민속밴드가 민속음악을 연주하며, 사람들은 서로 어깨동무를 하고서 노래를 부르고 쭉 늘어서서 기차놀이를 하기도 한다. 그러다가 밴드의 리더가 건배를 선창하면 일제히 서서 맥주를 가득 채운 1,000cc 저그를 높이 들고 건배를 한다. 텐트 주변에는 각종 이벤트를 위한 가설무대, 위락시설 등이 설치되어서 어른과 어린

뮌헨의 시월축제

이와 관광객이 어울려 즐긴다. 1980년에는 폭탄 폭발로 12명이 희생되는 불상사가 있기도 했지만, 전 세계에서 매년 약 600만 명의 맥주 애호가가 축제를 즐기기 위해서 모인다.

축제는 뮌헨 시장이 정각 12시에 축제장에서 맥주통의 마개를 따고는 "O' zapft is!"(마개가 열렸다)고 외치며 그해의 첫 생산된 맥주를 높이 쳐들고 마시면서 시작된다. 거리 행렬은 '뮌헨 킨들'(뮌헨을 상징하는 역할)이 안내자로 앞장을 서며 그 뒤로 뮌헨 시장과 주지사를 비롯한 시의원들의 마차가 따른다. 이어서 맥주통을 산처럼 쌓아 올린 맥주업자들의 마차와 민속의상을 입은 각 지역 그룹 대표들이 따른다. 거리에는 간이스탠드들이 설치되어 시민의 참여가 유도된다. 그로써 축제분위기가 고조에 달한다.

옥토버페스트는 친환경축제이다. 축제장에서는 1회용 그릇의 사용과 캔 음료의 판매를 전면 금지한다. 음료는 반드시 보증금이 붙은 회수용 병에 넣어 팔아야 하며 쓰레기는 용도별로 분리하여야 한다. 음식물 찌꺼기는 동물사료용 등 특별한 목적의 재활용 시설로 보내야 하며, 재활용이 불가능한 쓰레기는 압축기로 처리하여야 한다. 또한 축제장에서는 유럽공동체의 생태규정에 따라 천연재료만을 사용한 자연식품이 인가를 받고 판매된다.

뮌헨은 약 인구 130만 명을 가진 남부 독일 바이에른 주의 수도이다. 르네상스·바로크·로코코 양식의 문화유산이 곳곳에 남아 있고, 30여 개의 미술관과 박물관이 있으며, 영화학교가 있는 예술의 도시이다.

뮌헨에는 '호프브로이', '뢰벤브로이' 등 전통 있는 6개의 맥주회사가 자리하고 있다. 독일에서 맥주는 1516년 바이에른 왕국 빌헬름 4세 때 발표된 맥주 원료 순수령으로 그 품질이 계속 유지되어 왔다. 맥주는 이제

사랑받는 국민 음료이자 다양한 축제와 행사에 빠질 수 없는 필수품으로 자리매김하고 있다.

8) 잘츠부르크 음악제(Salzburg Festival)

오스트리아의 잘츠부르크는 모차르트의 고향이며 영화 사운드 오브 뮤직의 배경이 된 도시이다. 묀히스베르크에 있는 대형 축제극장에서는 매년 7~8월이 되면 잘츠부르크 음악제가 열린다. 이 극장은 1956~1960년에 건설되었으며, 소형극장은 1924~1925년에 지어졌다.

전 세계의 음악 애호가들이 동경하는 유럽 최대의 음악축제의 하나인 잘츠부르크 음악축제는 1920년 연출가이던 막스 라인하르트, 시인 호프만스탈, 작곡가 리하르트 슈트라우스에 의해 창설되었다. 명연출가 라인하르트는 1920년 8월 호프만스탈의 「예더만」(Jedermann, 만인)을 연출하였다. 이후 이 작품은 매년 무대에 오르고 있다(1921년에는 연극 공연 외에 콘서트가 덧붙여지고 1922년에는 오페라가 더해진다). 최초로 공연된 오페라 작품은 모차르트의 「돈 주앙」이다. 처음에는 모차르트 곡만을 위한 축제였으나 지금은 다양한 프로그램으로 진행된다. 보통 8편의 오페라 공연과 8편의 연극 공연 및 70여 편이상의 연주회와 발레 공연이 거행된다. 또 낭독회와 전시회도 함께 행해진다. 축제 기간 동안 세계의 유명한 오케스트라와 지휘자와 연주자 및 오페라 스타들이 모여든다. 인구 14만의 소도시에 매년 20만 명이 넘는 관광객이 이 기간에 몰린다. 축제 기간 동안은 잘츠부르크 도시 전체가 하나의 음악회장이 된다. 한마디로 세계정상급의 음악제인 것이다.

그 외에도 잘츠부르크에서는 1월과 부활절에 음악제가 열린다. 한 해가 시작되는 1월에는 실내악과 독주회 및 빈 필하모닉의 콘서트가 주축이 되는 잘츠부르크 모차르트 음악제가 개최되고, 부활절에는 1967년 카라얀이 창설한 부활절 축제가 열린다. 카라얀은 생전에 해마다 베를린 필하모닉을 이끌고 와서 지휘를 하였다.

잘츠부르크는 알프스의 북쪽 오목한 고원지대에 위치하고 있으며 도시의 구도가 잘 짜인 아름다운 도시로 독일의 대여행가 알렉산더 폰 훔볼트는 세계 3대 미도(美都)의 하나로 잘츠부르크를 꼽았다. 특히 잘츠부르크의 동쪽 잘츠캄머구트 지역은 유럽에서 가장 아름다운 지역의 하나이다. 도시는 알프스의 눈 녹은 물이 흐르는 잘자흐 강을 사이에 두고 신시가지와 구시가지로 나뉜다. 구시가지의 묀히스베르크 언덕 위에 있는 호엔잘

호엔잘츠부르크 성

츠부르크 성은 1077년 건설되었으며, 1500년 초와 1700년대 후반 두 번의 개축과 확장공사로 중부 유럽의 제일 큰 성으로 보존되고 있다. 신시가지에는 「사운드 오브 뮤직」의 주 무대였던 미라벨 정원이 있다.

잘츠부르크가 본격적으로 도시의 형태를 갖춰가기 시작한 것은 8세기부터이다. 7세기 말 잘츠부르크로 온 루페르트(Rupert) 주교가 바이에른의 공작 테오도(Theodo)로부터 로마시의 땅을 선물 받아 성 페터 수도원과 논베르크 수녀원(「사운드 오브 뮤직」의 마리아 수녀가 소속되었던 수녀원)을 건립했다. 이들은 오늘날 알프스 북부지역에서 가장 오래된 수도원이다. 이때부터 가톨릭 문화 예술의 도시로 발전해 나갔으며 현재도 대주교에 의해 통치 받는 유일한 주이다.

16세기에는 '독일의 로마'라는 명성을 얻을 정도로 수많은 바로크 양식의 아름다운 건축물이 들어서고 도시의 면모가 눈부시게 발전했다. 이에는 지리상의 유리한 조건이 크게 기여했다. 즉 잘츠부르크가 알프스의 북쪽 오목한 고원지대와 독일 국경 근처에 위치하고 있기 때문이다. 알프스는 바다 밑바닥이 융기작용에 의해 솟구쳐서 형성된 산악지대인데, 이때 바닷물이 같이 올라와 오랜 세월 굳어져서 암염이 되었다. 잘츠부르크가 발전에 발전을 거듭하며 교통과 무역의 중심지로 자리잡게 된 것은 바로 이 암염 산지 때문이다. 그래서 도시를 '소금성'(Salz+Burg)이라고 부른다. 지금도 이곳의 소금이 전국에 공급되고 있다.

천혜의 자연환경에다 천재 음악가 모차르트 덕분에 이 도시는 항상 관광객으로 붐빈다. 현재 잘츠부르크는 유네스코에 의해 유럽의 민속촌으로 지정되어 보존되고 있다.

영화

알프스 산을 배경으로 한 가장 유명한 영화 두 편을 꼽는다면 「사운드 오브 뮤직」과 「알프스 소녀 하이디」를 들 수 있다.

1) 「사운드 오브 뮤직」

1.

에델바이스 에델바이스
아침 이슬에 젖어
귀여운 미소는 나를 반기어 주네
눈처럼 빛나는 순결은 우리들의 자랑
에델바이스 에델바이스
마음 속의 꽃이여.

웅장한 만년설의 알프스와 탁트인 푸른 초원에서 펼쳐지며 자연을 노래하는 영화 「사운드 오브 뮤직」은 알프스 산지에서 가장 아름다운 도시 중의 한 곳인 잘츠부르크에서 만들어졌다.

영화는 나치 독일에 병합된 조국 오스트리아로부터 자유를 찾아 탈출하는 폰 트라프 일가의 이야기이다. 세계적으로 유명한 가족합창단 '트라프 패밀리 싱어즈'(the Trapp Family Singers)의 리더인 마리아 트라프의 실화를 바탕으로 한다. 마리아는 빈에서 태어났으며 결혼 전 이름은 마리아 폰 쿠체라이다. 그녀는 잘츠부르크에 있는 베네딕트 교단 논베르크 수녀원의 수련 수녀 후보생이었다. 원장 수녀가 그녀를 아내를 잃은 게오르그 리터 폰 트라프 남작 가정의 가정교사로 보낸다. 얼마 되지 않아 마리아는 남작과 결혼을 하고 7명의 아이들과 가족합창단을 창단한다. 그때가 1930년대의 초반이다. 히틀러 정부의 독일이 오스트리아를 합병하기 전까지 가족합창단은 수많은 콘서트를 갖는다. 가족은 히틀러의 눈을 피해 알프스를 넘어 스위스로, 결국엔 미국에 정착한다. 트라프 가문은 미국에서 호텔업으로 성공하였고, 호텔은 지금도 성업 중이다.

「사운드 오브 뮤직」은 먼저 작곡가 리처드 로저스와 작사가 겸 대본 작가인 오스카 해머스타인 2세에 의해서 뮤지컬로 만들어졌으며, 초연은 1959년 11월 뉴욕 브로드웨이의 런트 폰테인 극장에서 있었다. 뮤지컬은 크게 성공을 거두었으며 브로드웨이 뮤지컬의 고전이 되었다. 뮤지컬은 1965년 로버트 와이즈(Robert Wise) 감독과 20세기 폭스사에 의해서 영화화되었다.

2.

배경은 1939년 나치스의 독일에 병합되기 직전이고, 내용은 이렇다. 오스트리아의 논베르크 수도원의 수련 수녀 마리아 라이너는 닫힌 공간인 수녀원보다 대자연을 즐기며 노래부르기를 좋아한다. 마리아의 순수하고 사랑스런 심성을 파악한 원장 수녀는 마리아를 귀족 출신인 해군 대령 트라프 집안의 가정교사로 파견한다. 어머니를 잃은 아이들은 직업군인 아버지의 호르라기에 따라 행동한다. 이 가정에는 군대식의 명령과 복종만이 존재한다. 마리아 수녀는 경직되어 있는 7명의 아이들을 따뜻한 사랑으로 감싼다. 그녀는 아이들을 데리고 '도레미송'을 부르며 산으로 들로 뛰어다닌다. 골짜기마다 '도레미파솔라시도'가 울려 퍼진다. 관객의 입가에는 환한 미소가 떠오른다. 그동안 대령과 마리아 사이에 사랑이 싹튼다. 마리아는 혼란스러운 마음 때문에 수녀원으로 돌아오고 만다. 따뜻한 원장 수녀의 조언으로 마리아는 다시 사랑을 찾아간다. 마리아와 트라프 대령은 인생을 함께할 것을 약속한다. 조국 오스트리아에 대한 애국심이 대단한 트라프 대령에게 나치가 접근하자, 가족은 스위스로 망명을 한다.

3.

전형적인 군인 트라프 대령이 마리아의 따뜻한 사랑에 의해 부드러운 남성이자 아버지로 변해 가는 모습은 인상적이다. 더구나 마지막 장면에서 트라프 대령이 조국을 떠나면서 부르는 '에델바이스'는 우리나라의 '울밑에선 봉선화'를 생각나게 한다.

보고 또 보아도 사랑스러운 영화의 최고의 공헌자는 언뜻 구름이 덮인 신비스럽고 경이스러운 알프스, 너른 목초지, 쾌활한 멜로디, 천사의 합창, 상큼하고 싱그러운 마리아의 목소리일 것이다.

영화는 최우수 작품상, 최우수 감독상, 최우수 편집상, 최우수 음악상, 최우수 주제가상과 그래미상 앨범상을 수상하였다.

잘츠부르크에는 '사운드 오브 뮤직 버스 투어'가 관광상품으로 개발되어 있다.

4.

영화는 국제적으로 성공을 거두었으나 독일에서는 실패하였다. 나치를 피해 탈출하는 영화 뒷부분을 모두 삭제해 버려서 마음에 울림이 없는 엉성한 이야기가 되어 버렸기 때문이다.

5.

영화에 숨겨진 이야기

- 마리아 수녀의 역을 맡았던 줄리 앤드류스는 'The lonely gotherd'를 별로 좋아하지 않았는데, 요들송 부르기가 쉽지 않았기 때문이다.
- 트라프 대령 역의 크리스토퍼 플러머는 목소리의 대역을 거절하고 직접 해보려고 하였으나 줄리 앤드류스의 목소리와 어울리지 않다고 생각하여 결국 포기하였다. 대역은 미국의 성우 빌이 맡았다.
- 잘츠부르크를 벗어나는 마지막 장면의 오점. 잘츠부르크를 바라보고 있는 언덕을 통하여 도피하면 독일 남쪽으로 가게 된다. 트라프 가족은 실제로 기차를 타고 스위스로 망명하였다.
- 줄리 앤드류스는 영화에서 늘 청량한 목소리로 주변 사람들을 즐겁게 해주었으나 본인은 상당히 어

려운 처지에 있었다. 남편과 이혼할 상황이었으며 우울증에 빠져 정신과 치료를 받고 있었다.

2) 인터넷 시대의 「알프스 소녀 하이디」

1.

2001년 작가 요한나 슈피리의 서거 100주년을 맞아 스위스에서는 「알프스 소녀 하이디」를 현대판으로 각색·제작하였다. 취리히에 소재한 베가 영화사가 19세기의 작품 「알프스 소녀 하이디」를 현대의 아이들이 보다 쉽게 공감하고 즐길 수 있는 영화로 만든 것이다.

인터넷 시대의 현대판 하이디

하이디는 머리카락을 파랗게 염색을 하고, 목동 페터는 인터넷으로 채팅을 하고 햄버거를 좋아하며 야구를 즐기는 보스턴 출신의 소년이다. 하이디가 지어준 염소의 이름은 탐과 제리로 바뀌었다. 그러나 현대적인 사고와 원칙을 가진 현대 소녀

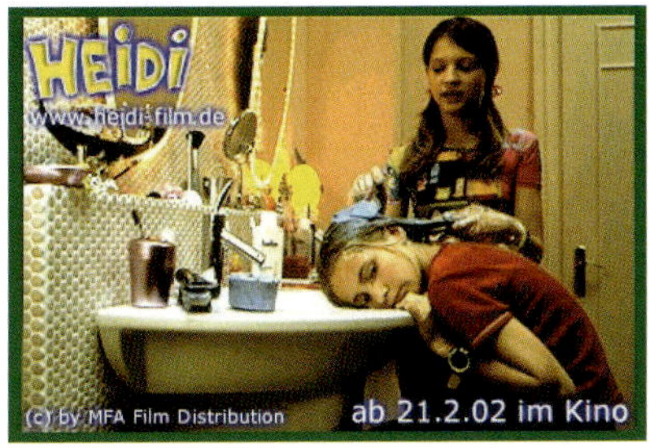

파란색으로 머리염색을 하고 있는 하이디

인터넷을 하고 있는 하이디

하이디는 요즘 아이들에게 가까이 다가갔을 뿐이지, 그 내용이 바뀐 것은 아니다. 하이디의 역할은 400 대 1의 경쟁률을 보였으며, 14세의 독일 소녀 코르넬리아 그뢰쉘이 차지했다. 영화는 스위스에서 가장 성공한 감독 마르쿠스 임보덴(Markus Imboden)이 메가폰을 잡고, 베가 영화사가 350만 달러를 투자하여 제작되었다.

2.

「알프스 소녀 하이디」는 1920년 최초로 흑백 무성영화화되었으며, 이후 15회에 걸쳐 재생산되었다. 1937년에는 할리우드의 스타 셜리 템플이 하이디 역을 맡았다.

1880~1881년 요한나 슈피리가 발표한 『알프스 소녀 하이디』 1, 2권은 전 세계 50개국 언어로 번역됐으며, 2천만 권이 판매되었다.

◀
동화책으로 엮어진
『알프스 소녀 하이디』

3.

하이디는 세계에서 가장 알려진 스위스 사람이다. 그라우뷘덴 주의 마이엔펠트에 소재한 '하이디의 집'과 알프스 산길에 매년 약 10만 명의 관광객이 찾아든다.

음식

알프스의 음식은 그 지역성을 바탕으로 향토성이 짙다. 낙농업이 발달한 지역의 특성에 따라 감자와 야채 및 유제품 등 구하기 쉽고 흔한 재료를 이용한 음식이 발달한 것이다.

1.

알프스의 프랑스 문화권의 음식인 퐁듀와 라클렛은 스위스 전 지역에서 사랑받는다.

퐁듀는 치즈를 주재료하여 만드는 겨울음식이다. 그 종류로는 포도주에 익히는 박카스 퐁듀, 진한 육수 물에 넣는 시아누스 퐁듀, 기름에 삶는 부르기뇽 퐁듀 같

◀ 퐁듀 요리의 실례

은 종류가 있지만, 치즈에 익히는 프로마지 퐁듀가 대표적이다. 도자기 냄비의 내부를 마늘 한 쪽으로 닦아내어 마늘향을 배게 한 다음, 에멘탈이나 그뤼예르 등의 스위스 특산 치즈를 약한 불에 녹인다. 여기에 백포도주와 키르쉬(버찌) 브랜디를 넣고 후추를 뿌려 맛을 낸다. 대개 빵을 각설탕처럼 썰거나 직접 손으로 으깨서 특수 포크에 꽂아 녹은 치즈에 넣고 휘휘 젓는다. 빵에 묻은 치즈 맛이 매우 담백하다. 여기에 영양과 미각의 밸런스를 위해 갓 튀긴 감자와 샐러드, 백포도주를 곁들이면 최상의 식탁이 된다.

한 퐁듀 냄비를 놓고 여러 사람이 둘러앉아 먹는데다

가 자기 입에 들어간 포크로 공동음식인 치즈 속에 넣는다는 것은 각자 접시를 사용하는 서구식 식탁예절과 사뭇 다른 것이다. 이런 관습에서 사람들은 스위스인의 공동체의식을 강조하기도 한다. 음식을 먹다가 포크에 찍은 빵 조각을 빠뜨리면 일반적으로 와인 한 병을 벌로 내야하며 여성들은 이 벌칙에서 제외되나 대신 빠뜨린 조각 수만큼 오른쪽 사람에게 키스를 허락해야 하는 재미있는 전통이 전해지고 있다.

부르기뇽 퐁듀는 구리 냄비에 식용유를 끓인 후, 먹기 좋게 토막 쳐 포크에 찔러 놓았던 소고기나 돼지고기를 튀겨 좋아하는 소스를 쳐서 먹는 즉석 고기튀김 요리이다. 이 퐁듀는 적포도주와 함께 즐긴다. 겨울에 몸을 따뜻하게 해주는 음식이다.

퐁듀 요리 중 우리의 입맛에 잘 맞는 퐁듀는 시누아즈 퐁듀로 중국식이다. 생선뼈를 우려낸 담백한 국물에 야채와 쇠고기 등을 넣어 끓여 먹는 음식이다.

또 다른 명성이 있는 음식은 체르마트를 중심으로 한 알프스 지역의 음식 라클렛(Raclette)이다. 껍질을 벗기지 않은 채 감자를 삶아서 녹인 치즈를 덮는다. 그 외에 별도로 각종 야채를 조리하여 곁들이고 후추를 뿌려 먹는 요리이다.

또한 호수가 많은 스위스에서는 생선요리가 유명하다. 대표적인 생선요리는 계피와 사과를 곁들인 농어요리이다.

2.

알프스 지역의 독일어권 음식은 브라트부르스트, 게슈네첼테스, 뢰스티 등이 있다.

브라트부르스트(Bratwurst)는 독일어권 알프스 지역의 대표적인 요리이다. 부서지지 않을 정도로 삶은 감자의 껍질을 벗기고 주사위 정도의 크기로 잘라서 하루 정도 냉장고에 보관한다. 이후 완전히 구운 베이컨과 양파와 함께 중간불에서 볶는다. 소금과 후추로 양념을 하고 신선한 파슬리를 곁들여 먹는다. 독일의 향내가 진한 음식이다.

게슈네첼테스(Geschnetzeltes)는 취리히에 널리 퍼져 있는 음식이다. 잘게 썬 송아지 고기를 버터로 볶은 다음, 소금과 후추로 양념을 하고 양파를 넣어 볶는다. 물과 적포도주를 3 대 1 비율로 섞어 부은 후, 끈적하게 끓인다. 거기에 약간의 레몬주스를 첨가시킨다. 약간의 파스타를 곁들여 먹으면 최상의 게슈네첼테스가 된다.

뢰슈티(Rösti)는 게슈네첼테스나 구운 소시지와 함께 먹는다. 감자를 삶아서 껍질을 벗기고 얇게 썰어 프라이팬에 부친 감자전이다.

3.

알프스의 이탈리아권 요리로는 폴랜타와 알펜 마카로니와 오쏘부코가 가장 이름이 나 있다.

폴랜타는 티시노(Ticino) 지방의 특별한 고유음식으로 옥수숫가루를 이용한 곡물죽이다. 기호에 따라 치즈를 뿌려 먹는다. 몇몇 지방에서는 장작불 위에 양철로 된 주전자를 이용해서 전통적으로 요리하기도 한다. 아이스크림을 이용해서 요리하는 경우도 있는데, 이것은 폴랜타 그라시아 또는 폴랜타 스토르나아로 불리어진다.

알펜 마카로니(Alpen macaroni)는 특히 산악지방에서 즐겨 먹는 요리이다. 감자와 마카로니를 치즈에 버무린 것으로 바싹 튀긴 양파와 함께 먹는다.

오쏘부코(Osso bucco)는 어린 양의 정강이살을 야채나 버섯과 함께 푹 삶은 요리이다.

4.

디저트도 다양하다. 알프스 지역의 초콜릿은 국제적인 명성을 얻고 있다. 뾰족한 모자 모양의 카스텔라인

◀
다양한 형태의 초콜릿

구겔호프(Gugelhopf), 크림이 든 머랭(Meringue : 설탕과 계란 흰자위를 섞어서 만든 양과자)을 디저트로 즐긴다. 추크 지방의 버찌과자와 엥가딘의 호두과자, 아르가우의 '뤼블리'(Rüebli), 샤프하우젠의 케이크도 유명하다. 또 지역마다 다양한 종류의 포도주와 특유한 맛의 치즈를 즐기기도 한다.

▶
에멘탈 치즈

여성활동

독일은 여성에게 1900년에 공식적으로 대학 입학을 허가하였고 스위스에서는 그 이전에 여성들이 대학교에서 학위를 받을 수 있었다. 예컨대 리카르타 후흐(1864~1948, 독일작가)는 1892년에 취리히 대학에서 역사학으로 학위를 받았고, 루 안드레아스 살로메는 취리히 대학에서 종교사를 공부하였다. 그럼에도 불구하고 스위스는 여성의 투표권을 1971년에야 비로소 인정한 나라이다. 또한 유대인의 참정권이 서유럽 국가 중 가장 늦게 인정되었다. 1984년 엘리자베트 콥은 스위스 최초의 여성 장관이 되었고, 1998년에는 최초로 여성 대통령이자 유대계 대통령이 나왔다. 그 장본인이 루트 드라이푸스

(Ruth Dreifuss)다. 드라이푸스는 사민당 소속으로 내무장관을 거쳐 상하 양원 대통령 인준투표에서 총 237표 가운데 과반수를 넘긴 158표를 얻어 대통령에 선출되었고 1년의 임기를 수행했다. 스위스의 대통령은 7명의 각료가 1년씩 윤번제로 맡게 되며 외교활동에서 스위스를 대표한다. 스위스에서 대통령은 그만큼 상징적인 의미를 지닌다. 드라이푸스 대통령은 환경, 낙태, 마약 문제와 교육 등에서 업무능력을 발휘하였다. 특히 산모에 대한 국가의 지원 법안을 마련하여 여권신장에 큰 기여를 했다.

III

알프스의 오늘과 내일

알프스의 지속적인 발전을 위한 노력

1.

알프스 지역은 관광지역으로 개발할 당시 생태를 파괴하지 않고 지속 가능한 발전을 구상하였다. 그래서 등산열차를 놓고 케이블카를 건설하였으며 일정구간은 관광버스를 이용하게 하였다. 예컨대 프랑스의 샤모니 몽블랑은 케이블카를 이용하여 몽땅베르로부터 빙하구간을 거쳐 샤모니 몽블랑으로, 샤모니 몽블랑에서 브레방으로 연결이 되어 있다. 또 등산열차를 이용하여 샤모니 몽블랑에서 몽땅베르로 갈 수 있는 코스도 만들어져 있다. 뿐만 아니라 융프라우는 케이블카와 등산열차와 관광버스를 이용하여 올라가게 되어 있다. 스위스

몽블랑 케이블카

벵엔(Wengen)으로 가는 등산열차

필라투스는 크리엔즈에서 프라크몬테크까지는 곤돌라로, 프라크몬테크에서 필라투스 쿨룸까지는 케이블카로 가는 노선과 알프나흐슈타트에서 필라투스 쿨룸까지는 산악열차를 이용하는 3개 노선이 있다. 뿐만 아니라 루체른에서 알프나흐스타트까지는 유람선과 관광열차가 운행되고 루체른에서는 케이블카 정류장까지는 관광버스를 운행하는 종합관광 교통시스템을 구축하고 있다.

이러한 시스템의 구축 외에도 정류장에 설치된 생태교육장에 환경전문요원들이 배치되어 환경교육을 실시

동화 속 그림 같은 알프스 툰 성(Schloss Thun)의 전경

하고 있다. 다양한 교통수단은 등산로를 제한하여 생태계를 보존하고 복원하는 효과를 내지만 등산열차와 케이블카, 스키 리조트와 관광 시설의 건립 자체가 산악지대의 훼손을 불가피하게 한다는 문제점을 안고 있다. 때문에 이 지역의 주민들은 그 점에 대해 각별한 노력을 기울이고 있다.

2.

알프스 지역은 관광객을 위한 여러 편리한 현대적 시설들을 갖추고 있으면서도 나름대로 각 지역의 전통양식을 보존하고 있다. 때문에 샤모니 몽블랑 주민들은 상업화를 부추기는 맥도날드의 개점을 허용하지 않았다. 고유한 문화 보존으로 독특한 관광문화를 창출하려는 주민들의 노력이 엿보인다.

3.

체르마트 주민들의 환경의식과 지역사랑은 더욱 대단하다. 이곳의 주민들은 가솔린이나 디젤을 연료로 사용하는 자동차를 몰고 다니지 않는다. 주민들이 기종의 내연기관 자동차를 소유하고 있으며 전기자동차가 성능이 떨어짐에도 불구하고 지역 내에서는 반드시 전기자동차만을 사용하고 있다. 내연기관 자동차가 추방된 것은 이 나라의 상징이자 관광자원인 알프스가 대기오염으로 훼손될 우려가 있다는 진단이 나오고부터이다. 생태가 파괴되면 결국 인간사회도 파괴될 수밖에 없음을 이곳 주민들은 일찍이 깨달은 것이다.

4.

1994년 스위스는 알프스를 보호하기 위해 통과차량을 제한하는 국민투표를 실시하였고 가결되었다. 이후 스위스는 유럽공동체(EU)의 반대에도 불구하고 40톤 이상의 화물차량 이동을 금지시키고, 그에 대한 보상으로 알프스를 통과하는 2개의 철도 터널을 건설하기로 하였다. 뢰치베르크(Lötschberg) 터널과 고트하르트(Gotthard) 터널이다. 길이 35km의 뢰치베르크 터널은 유럽에서 가장 긴 터널로 2007년 완공되었다. 터널이 완공된 이후 화물차들은 기차에 실려 알프스를 넘고 있다. 또 2016년 완공 예정인 고트하르트 터널은 길이가 57km로 세계에서 가장 긴 터널이 된다. 이 터널들은 알프스의 오염과 교통난을 해결하는 데에 크게 기여할 것이다.

5.

2009년 유럽연합의 알프스보호회의는 알프스 북쪽지역은 강수량이 증가하면서 홍수가 잦아지는 반면에, 남쪽은 강수량과 강설량의 감소로 가뭄이 심해지고 있다고 보고했다. 이 회의 보고서에 따르면, 알프스 북서쪽의 강수량이 지난 100년간 10% 증가했고 남동쪽의 강수량은 10% 줄었다고 한다. 때문에 알프스 북쪽 지역에서는 홍수와 산사태가 일상적인 위협이 되고 있으며 남쪽 지역에서는 강설량의 부족으로 관광산업이 위축되고 있다.

이처럼 기후변화로 인하여 알프스 산이 파괴되고 물 공급에 문제가 생기면서 알프스 국가(프랑스, 이탈리아, 독일, 스위스, 오스트리아, 리히텐슈타인, 슬로베니아, 헝가리)들은 유럽연합의 알프스보호협약(1991)에 서명했다.

6.

알프스는 한 국가의 소유지역이 아니고 여러 국가가 공유하고 있는 지역이니만큼 각 해당 국가 지역주민들은 알프스를 지키고 생태계를 파괴하지 않기 위해서 다양한 방안을 모색하여 추진하고 있다. 이러한 개개인의 노력이 있을 때만이 신비스럽고 웅장한 알프스의 깨끗한 공기, 청아한 에델바이스, 푸른 목초지, 알프스 소녀 하이디 등 이 지역만의 독특한 이미지가 오래 살아남을 것이다.

알프스의 대외 개방과 수용정책

알프스는 지역적인 관점에서 보면 폐쇄공간이라고 할 수 있다. 알프스인은 세계인이 되기를 열망하면서도 매우 배타적이다. 먼저 자체 내의 동질성을 찾기에 급급하다. 종교는 전체적으로 가톨릭이 우세하여 상당히 보수적인 편이다.

우선 이 지역의 언어는 방언이 아주 심하다. 스위스와 오스트리아 등 알프스 북쪽 지역과 리히텐슈타인, 독일 바덴뷔르템베르크, 프랑스 알자스 지방 등 사투리는 음운체계와 문법 및 어휘에서 표준 고지 독일어와 사뭇 다르다. 또한 문화의 접경지대여서 이웃나라 말들이 많이 뒤섞여 있어서 같은 독일어라도 의사소통에 문제가 있을 정도이다. 그런데 언어정화대책을 마련하기는커녕 오히려 사석에서는 각자의 지방어를 자랑스럽게 쓴다.

그러면서도 표준어에 대한 교육은 철저하다. 넓은 독서시장 또는 문화의 큰 흐름에 뒤지지 않기 위한 자구책이다. 알프스는 다양성을 존중하고, 대외 개방성을 높이어 조화와 협상의 역할을 강조한다. 이상을 추구하되 현실을 직시하는 냉철한 문화지역이다. 또한 교육과 과학기술에 대한 투자를 강화시키는 한편, 정치·경제·사회의 안정을 통해 국가의 신용도를 높이는 데 힘쓴다.

또 하나의 장점은 권력구조상 주체가 하부에 있다는 것이다. 농부는 중세기 이후 유력한 사회 계층으로 자리 잡았다. 그들은 단순한 농촌거주자가 아니라 정치 및 문화의 파수꾼이었다. 경우에 따라서는 외세침략이나 정부당국의 부정에 대항하는 이념적 주도자이자 정치적인 주체이다.

알프스 지역의 나라들은 한국과의 관계에 있어서 비교적 객관적인 위치에 선다. 주요국인 스위스와 오스트리아는 중립의 노선을 견지하고 있어서 남북한 동시 수교를 하고 있다. 그러나 정치가 다른 분야들과 분리되어 있으므로 실질적인 관계는 매우 밀접하고, 친 서방 정책을 펼쳐 여러 분야에 있어서 매우 개방적이다. 현재 수천에 해당하는 교민들이 살고 있다.

알프스 지역에 들어서면 산이 첩첩이 많아 답답하다. 어떤 곳은 기찻길 빼고는 산비탈뿐이다. 이런 척박한 토양 위에 나라를 세우고, 사정에 맞는 산업을 일으켜 세계에서 손꼽히는 부자나라가 되었다. 자기에게 맞는 대책들은 '스위스 정신'과 연결되어, 미래의 번영을 찾기 위해 원초성의 확인이 이루어진다. 전통과 현대성의 연결은 알프스인에게 정치·사회적 체계에 유연한 적응력을 허용한다. 그러므로 가장 개방적인 곳에서 가장 '보수적 민주주의'가 병존한다.

작은 나라가 덩치 큰 강대국들에 에워싸인 입장에서 나름대로의 생존논리를 세운다. 스위스인의 논리에 따르면, "거인들에 휩싸여 있는 난쟁이는 그들의 어깨를 이용하여 더 많은 것을 볼 수 있다"는 것이다. 여기서 대외정책상 '뒤 물러섬의 원칙'과 이른바 중립성의 원칙이 수립된 것이다. 스위스는 세계를 향해 문을 활짝 열고 있는 주변의 강대국들 사이에서 모든 대화, 선전, 모함 등을 조정하는 탁월한 '국가 간의 복도 역할'을 한다.

중립정책은 군사비 절약은 물론, 작은 정부를 유지하여 실리를 추구하는 지혜와 현실의식으로 발전의 기틀을 찾았다. 알프스의 생활환경과 그곳 주민들의 의식과 사상, 정책 등에서 우리나라는 본받을 점이 많다고 여겨진다.

참고문헌

조두환, 하이 알프스, 서울 : 청년정신, 2009.

조두환, 조두환 교수의 독일 문화 기행, 서울 : 자연사랑, 2000.

조두환, 조두환 교수의 스위스 문화 기행, 서울 : 자연사랑, 2002.

조두환 · 사순옥 · 김병용, 유로 · 게르만 · 독일의 문화 나들이, 서울 : 건국대학교출판부, 2001.

Apel, Friedmar. *Deutscher Geist und deutsche Landschaft. Eine Epographie*. München 1998.

Bätzing, Werner. *Kleines Alpen-Lexikon. Umwelt-Wirtschaft- Kultur*. München 1997.

Borsdorf, Axel & Michaela Paal(Hrsg.). *Die "Alpine Stadt" zwischen lokaler Verankerung und globaler Vernetzung*. Beiträge zur regionalen Stadtforschung im Alpenraum. 2000.

Brang, Peter(Hrsg.). *Übersetzungen von Ferber, Christoph : Landschaft und Lyrik*. Die Schweiz in Gedichten der Slaven. Eine kommentierte Anthologie. 1998.

Cole, John W.. *Die unsichtbare Grenze*. Ethnizität und Ökologie in einem Nachwort von Reinhard Johler. Wien / Bozen 1995.

dtv-Lexikon. Eine Konversationslexikon in 20 Bänden. Wiesbaden 1977.

Emmer, Johannes. *Geschichte des Deutschen und Österreichischen Alpenvereins*. In : Festschrift zur Feier des fünfundzwanzigjährigen Bestehens des Deutschen und Österreichischen Alpenvereins. Berlin 1894. S. 177-358.

Fischer Weltgeschichte. Bd. 10. Das frühe Mittelalter. Hg. u. verfaßt von Jan Dhondt. Frankfurt a. M. 1968.

Gerndt, Helge. *Die Alpen als Kulturraum*. Über Aufgaben und Veranwortung der Kulturwissenschaft. In Salzburger Volkskultur 21(1997). S. 7-22.

Gröner, Margret. *Salzburger Lande : Garten Gottes*. In : Mit dem Auge des Touristen. Zur Geschichte des Reisebildes. Tübingen 1981. S. 87-92.

Hettling, M. / Konig, M. / Schaffner, M. / Suter, A. / Tanner, J.. *Eine kleine Geschichte der Schweiz*. Der Bundesstaat und seine Traditionen. Frankfurt a. M. 1998.

Umgang mit der Schweiz. Nichtschweizer über die Schweiz und ihre Erfahrungen mit ihr : Hg. u. mit einem Nachwort versehen von Charles Linsmayer. Frankfurt a. M. 1990.

Perlik, Manfred. *Alpenstädte — Zwischen Metropolisation und neuer*

Eigenständigkeit. 2001.

Oetterli, Jörg / Perret, Francis-Luc / Walter, Felix(Hrsg.). *Bausteine für eine nachhaltige Mobilität*. Gesamtsynthese des NFP 41 "Verkehr und Umwelt" aus Sicht der Verkehrspolitik, der Wissenschaft und der Umsetzung. Verkehr und Umwelt. Wechselwirkungen Schweiz-Europa. Nationales Forschungsprogramm NFP 41. 2001.

Openheim, Roy. *Die Entdeckung der Alpen*. Frankfurt a. M. / Wien / Zürich 1974.

Seidl, Jurgen J.. *Zu den Anfängen des Pietismus in Bünden*. 2001.

Tschofen, Bernhard. *Berg · Kultur · Moderne*. Volkskundliches aus den Alpen. Wien 1999.

www.daum.net

www.enzian.or.kr

www.google.co.kr

www.google.de

www.goplus.co.kr

www.myswitzerland.co.kr

www.yahoo.com

찾아보기

ㅁ

ㅂ